Vivir en lo esencial

Vivir en lo esencial

Ideas y preguntas
después de la pandemia

Francesc Torralba

Plataforma
Editorial

Primera edición en esta colección: junio de 2020

© Francesc Torralba, 2020
© de la presente edición: Plataforma Editorial, 2020

Plataforma Editorial
c/ Muntaner, 269, entlo. 1ª – 08021 Barcelona
Tel.: (+34) 93 494 79 99 – Fax: (+34) 93 419 23 14
www.plataformaeditorial.com
info@plataformaeditorial.com

Depósito legal: B 9774-2020
ISBN: 978-84-18285-23-3
IBIC: VS

Printed in Spain – Impreso en España

Diseño de cubierta y fotocomposición:
Grafime

El papel que se ha utilizado para imprimir este libro proviene
de explotaciones forestales controladas, donde se respetan
los valores ecológicos, sociales y el desarrollo sostenible del bosque.

Impresión:
Romanyà Valls
Capellades (Barcelona)

Índice |

Prólogo |

Durante el tiempo de confinamiento oí decir, en muchas ocasiones, que después de esta crisis pandémica nada sería igual.

Quizás sea pronto para verificar si esta afirmación es una exageración o se corresponde con la realidad. Lo que sí es evidente es que tras la pandemia va a acaecer una crisis social y económica de tal envergadura que no tendrá precedentes en el siglo XXI. Ni siquiera podrá asemejarse a la crisis de los mercados de 2008. Las consecuencias que se vislumbran en el horizonte y que muchas familias ya sufren en sus carnes serán catastróficas.

En los tiempos venideros tendremos que recordar a los ausentes, a las víctimas de la catástrofe, celebrar ceremonias en su honor, curar heridas emocionales, llorarlas y liberar nuestra tristeza. También deberemos ejercitarnos en el arte de la gratitud y mostrar agradecimiento a quienes se han dejado la piel para salvar vidas y cuidar de las personas más vulnerables.

Se ha dicho, una y otra vez, que nada será como antes. La sentencia puede interpretarse en una clave negativa,

pero también desde una perspectiva positiva. **Las crisis son ocasiones, oportunidades de primer orden para auditar nuestras formas de vida, explorar las causas que la activaron y abordar el presente y el futuro desde una nueva mentalidad.**
Como consecuencia de la crisis, todo se ha visto alterado. El imperativo de la distancia social nos ha obligado a cultivar nuevas formas de proximidad. La velocidad habitual se ha visto interrumpida. Hemos tenido que desacelerarnos. Nuestra relación con el tiempo y el espacio ha mutado sustancialmente. El silencio ha irrumpido en las calles. Hemos hecho borrón y cuenta nueva y debemos plantearnos nuevos propósitos de vida.
Los más escépticos lo ven de otro modo. Consideran que después del vendaval, una vez que se haya restablecido eso que llamábamos *normalidad*, no habremos aprendido nada y todo volverá a ser como antes. Los más esperanzados, en cambio, creen que esta crisis puede funcionar como un gran despertador social, que puede avivar actitudes y valores que estaban en letargo.
Toda crisis suscita movimientos diametralmente opuestos. Algunos, cuando irrumpe con fuerza, se repliegan en sí mismos, acuciados por el miedo, miran de salvar sus muebles y sus vidas. Otros, en cambio, trascienden el miedo y son capaces de salir de su propio cerco para donar lo mejor de sí mismos a la colectividad.
En esta crisis que sufrimos hemos visto cómo fluía la fuerza interior de la sociedad, esa energía solidaria que habita en

ella y que se ha expresado de múltiples modos, en los hospitales, en las residencias geriátricas, en los espacios públicos y también en nuestras comunidades de vecinos. Un ejército de profesionales anónimos ataviados con batas blancas y verdes ha dado un ejemplo de entrega y solidaridad que debe permanecer en la memoria colectiva. Tampoco podemos olvidarnos de esa cadena de trabajadores que han arrimado el hombro para que todos pudiéramos subsistir durante el tiempo de confinamiento. *Gratitud.* Este es el sentimiento que emerge espontáneamente de nuestros corazones.

No puedo afirmar taxativamente que, después de la crisis, nada será lo mismo. Una enfermera anónima decía, en una breve entrevista televisiva, que esta catástrofe nos haría mejores personas. Ojalá tenga razón. Es lo que de verdad esperamos de esta crisis: que haya servido para algo, que haya sido útil para fortalecer aptitudes que, por lo general, son ignoradas en nuestras sociedades posmodernas.

La crisis nos ha permitido redescubrir valores como el cuidado, la escucha, la gratitud, la humildad, la solidaridad, la paciencia, la perseverancia frente al mal, la cooperación intergeneracional, la generosidad y la entrega, valores que extrañamente ocupan un lugar relevante en nuestra sociedad.

Este libro trata de ahondar en eso que hemos aprendido durante la crisis, porque esta pirámide de valores será indispensable para afrontar el tsunami social y económico que impactará en nuestras vidas.

Vivir en lo esencial

«La pandemia actual del coronavirus —ha escrito el
teólogo brasileño Leonardo Boff (1938)— representa una
oportunidad única para que repensemos nuestro modo de
habitar la Casa Común, la forma como producimos, consumimos y nos relacionamos con la naturaleza.»[1]
En efecto, representa una oportunidad. No podemos ti-
rarla por la borda. Nos exige repensar cómo vivimos, nos
relacionamos, producimos y consumimos, pero, a su vez,
nos invita a imaginar un futuro distinto, a soñar otro mundo posible para nosotros y para las generaciones venideras.

1. Marcelo ALARCÓN ÁLVAREZ (comp.), *Covid19*, Madrid: MA-Editores,
2020, p. 13.

PARTE I
La textura del mundo

1.

La incertidumbre del futuro

Es difícil vivir en un clima de incertidumbre, pues necesitamos seguridades, tierra firme donde apuntalar los pies para vivir una existencia sosegada y sosegar a quienes nos rodean. La incertidumbre que hemos vivido durante la pandemia global nos ha puesto entre las cuerdas y ha generado una cascada de emociones tóxicas como la angustia, la desazón, el miedo, la ira y la rabia. No sabíamos cuánto duraría el confinamiento, qué representaría el día después, cuántas nuevas medidas tendríamos que integrar en nuestra cotidianidad. Lo hemos ido sabiendo con el tiempo, con cuentagotas, pero persiste un inmenso abanico de incertidumbres de futuro que difícilmente se van a disipar.

No hay más. Tenemos que aprender a vivir con la incertidumbre, a hospedarla en nuestra conciencia y a tolerarla, a pesar de no ser una inquilina agradable. Esto es algo que no se elige, no forma parte del campo de decisión. La incertidumbre respecto a nuestro futuro social, económico, laboral, educativo, cultural, sanitario y espiritual es patente. Todo está abierto. Presentarlo como un axioma matemático es un acto de arrogancia intelectual o una operación temeraria.

«La incertidumbre —escribe Andrea Vicini— paraliza a muchos porque reduce e inhibe la capacidad de controlar y actuar. Incierto, uno se vuelve impotente. Para ellos, el compromiso ético requiere certezas. Sin certezas no se puede actuar. Se experimenta una dificultad similar en otra emergencia global grave, en la que la sostenibilidad ambiental está en juego y las condiciones de vida en el planeta están amenazadas, no por un virus, sino por nuestra forma de vida, cómo producimos energía, cómo consumimos y contaminamos. Incluso en el caso del cuidado de nuestro hogar común, hay quienes se refugian detrás de incertidumbres aparentes o reales, lo que justifica la inacción.»[2]

Esta categoría, tan fundamental para comprender el espíritu de nuestra época, no representa ninguna novedad en la historia de la humanidad. Siempre hemos sabido que lo único cierto es el pasado, mientras que el futuro, tanto el personal como el comunitario, jamás podemos descifrarlo con certidumbre.

Podemos elaborar prospectivas, ensayos de comprensión, pero nadie posee una bola de cristal para anunciar, cual profeta iluminado, qué es lo que se avecina. Por un lado, pronósticos que en el pasado se presentaron como dogmas de fe erraron estrepitosamente, pero, por otro, acaecieron eventos políticos, sociales y culturales que ningún avispado científico social llegó a prever nunca. Solo por eso deberíamos tomar precauciones respecto a los que ahora se

2. *Ibidem*, p. 59.

anticipan. También, como es natural, la prospectiva que, humildemente, se presenta en este libro. No sabemos con certeza lo que va a venir. Los indicadores sociales, económicos y laborales inducen a pensar que lo que vendrá será catastrófico, pero no sabemos cuál será su magnitud. Los que educamos a jóvenes no podemos mentir ni dar gato por liebre. No nos está permitido presentar un mundo apacible cuando lo que viene es una tormenta de grandes proporciones. No podemos edulcorar la realidad, pero tampoco infundir el virus de la desesperanza.

Difícil tarea esta, pues, por un lado, debemos ser fieles a la realidad, veraces, ya que nos jugamos nuestra credibilidad en ello, pero, por otro, tenemos que generar confianza, inocular esperanza, y tenemos que hacerlo sin sucumbir a la ingenuidad o a la frivolidad.

La incertidumbre forma parte de la condición humana. San Agustín (354-430) lo recuerda en uno de sus sermones más emblemáticos. Cuando un ser humano nace —dice el genio de Occidente—, no sabe nada de su futuro, ni lo que va a devenir ni cuánto tiempo estará en el Gran Teatro del Mundo. Lo único cierto para él es que se va a morir, aunque no sabe *cuándo* ni *cómo* ni *dónde* ni *de qué*. Solo la muerte es cierta (*sola mors certa*), pero esta certidumbre va acompañada de una nube de incertidumbres.

Debemos recuperar esta sabiduría perdida, liberarnos de falsas mitologías de soberanía absoluta y control total y asumir, con humildad, nuestra condición. Y, aun así, no podemos dejar de proyectar y emprender.

2.
La volatilidad del mundo

Todo es volátil

Esta sentencia se ha hecho especialmente visible durante la crisis sanitaria global. Hemos tenido que cambiar rutinas, quedarnos en casa, asumir cambios drásticos en nuestro modo de comunicarnos, de trabajar y de relacionarnos con nuestros seres queridos. La crisis ha volatilizado empleos, empresas, organizaciones, celebraciones colectivas, competiciones, espectáculos artísticos, exámenes, oposiciones, bodas y todo tipo de eventos que habían sido programados con mucha antelación. Las agendas personales y profesionales han sido volatilizadas. Asumirlo no ha sido fácil, pero no hemos tenido otro remedio que instalarnos en el nuevo escenario que ha dejado la crisis pandémica.

El cambio forma parte de la vida humana. Nada permanece idéntico a sí mismo. Heráclito (540 a. C.-480 a. C.), el Oscuro, lo expuso de un modo diáfano: todo fluye. La imagen del río es muy gráfica. A cada instante el río cambia porque a cada momento varía su forma y, sin embargo, sigue siendo el mismo. La crisis nos ha cambiado, pero seguimos siendo los mismos. Aun así, lo ha alterado todo.

Para poder construir proyectos y plantearnos retos, necesitamos solidez. Solo se puede saltar si uno se impulsa sobre el suelo firme y, de este modo, desafía la ley de la gravitación. Si el suelo es blando como en los cuadros oníricos de Salvador Dalí (1904-1989) o, simplemente, no hay suelo, porque se ha volatilizado, nadie puede impulsarse.

La volatilidad se ha hecho presente en todas las áreas y facetas de la vida humana. Es un rasgo de nuestra época que en otro lugar he tratado de examinar con detalle.[3] En poco tiempo se han volatilizado empresas familiares que tenían una tradición de más de doscientos años. Se han volatilizado negocios que funcionaban correctamente, vínculos profesionales y sentimentales.

Las crisis permiten tomar conciencia real de la volatilidad de todo cuanto es. Esto puede conducirnos al nihilismo, a la pasividad, pero también puede generar dos reacciones más inteligentes: dar valor a lo que uno posee ahora y cuidarlo a fondo y mantener una actitud de desapego sin quedarse aferrado a nada, dada su existencia efímera.

La volatilidad evoca la idea de que nada permanece de un modo estable. Esto puede aplicarse al bienestar, pero también al malestar, a las épocas de prosperidad y a las etapas de crisis como la que estamos padeciendo. Es bueno repetirse, una y otra vez, que esta crisis, por grave y monumental que sea, pasará.

Esto no salva a nadie de su sufrimiento presente, de su dolor por las pérdidas personales que padece, de su indignación

---

3. Francesc Torralba, *Mundo volátil*, Barcelona: Kairós, 2018.

frente al mal y de su sentimiento de rabia e impotencia. No le redime saber que todo esto pasará, pues, mientras pasa, vive con verdadera amargura. Sin embargo, si todo es volátil, también la crisis lo será. La cuestión radica en decidir qué hacemos mientras pasa, cuál es la actitud que tomamos. Podemos limitarnos a desempeñar el papel de espectadores que, desde el sofá, critican a quienes toman decisiones en tiempos tan convulsos, pero también podemos subir al escenario de la historia y actuar, emprender, innovar y generar nuevos procesos para paliar la crisis y ayudar a quienes la padecen con más gravedad.

La crisis pandémica nos ha permitido constatar que esta segunda forma de reaccionar ha estado muy presente en el cuerpo social. Algunas empresas han transformado con celeridad sus cadenas de producción para fabricar respiradores. Otras han cedido sus espacios a las autoridades sanitarias para convertirlos en hospitales de campaña.

Todo pasa, decía santa Teresa de Ávila (1515-1582), pero no todo pasa del mismo modo. Los hay que, mientras pasa la crisis, miran a derecha y a izquierda y piensan cómo ser útiles para los demás. Otros, en cambio, solo están preocupados por no perder lo que poco que les queda después del vendaval.

Vivimos en un mundo volátil, pero esta verdad no puede convertirse en una excusa para la pereza. Debe ser una ocasión para dar el propio talento en beneficio de todos.

3.
La interdependencia global

Cuando la epidemia azotó a China, no tomamos conciencia de lo que se avecinaba. Pensábamos que esta situación no nos afectaría, que no llegaría a nuestros hogares. Nos equivocamos. El virus se globalizó y la epidemia se convirtió en pandemia. La Organización Mundial de la Salud la declaró como tal, pero en aquel momento todavía no entendimos qué iba a significar eso para nuestras vidas ni lo que vendría después: el confinamiento.

Los conceptos de lejano y de cercano se han transformado, a un ritmo vertiginoso, durante la globalización. Por un lado, lo que está lejos está cerca gracias a las redes telemáticas y, por otro, lo que está cerca, curiosamente, está lejos, porque muchas veces ni siquiera nos damos cuenta de su existencia. Parece un tópico, pero no lo es: la red nos vincula a los que están lejos, pero, paradójicamente, nos aleja de los que están cerca.

La crisis ha puesto de relieve una categoría que ya habían descrito los científicos sociales: la noción de interdependencia. El mundo se ha convertido en un escenario interdependiente, donde todo está entrelazado, conectado, y forma una gran red. Nadie puede tirar de uno de sus nudos sin arrastrarla entera. Cualquier movimiento, por pequeño que sea, afecta al conjunto, porque todo está inextricablemente enlazado. Esta noción no representa ninguna novedad en la historia de las ideas. Está omnipresente en las grandes sabidurías de Extremo Oriente, sobre todo en el hinduismo y en el budismo, pero también en la filosofía taoísta atribuida a Lao-Tse. La misma idea de creación del Génesis no es ajena a esta noción. El papa Francisco (1936) lo ha enfatizado en su encíclica ecológica, *Laudato si'* (2015).

Esta idea exige una gobernanza mundial, una nueva ética y un renovado sentido de responsabilidad global. El esquema feudal no sirve para explicar el dinamismo inherente a nuestras sociedades ni para abordar los retos que nos depara el devenir. Si todo está conectado, debo pensar a fondo mis acciones, mis palabras y mis omisiones, porque estas, poco o mucho, tendrán consecuencias para todos, ya sea en el presente o en el futuro. **La ética de la interdependencia exige abandonar la visión unilateral y centrada en el ego para transitar al nosotros, fluir de la visión autocéntrica a la mirada policéntrica.**

Esta interdependencia, que se ha mostrado con claridad a través de la crisis pandémica, ya la habíamos constatado, como mínimo, en tres áreas: la ecológica, la económica y la social. Los activistas medioambientales nos lo han repetido hasta la saciedad. Los desajustes ecológicos que genera una parte del mundo, integrada por los países más industrializados del planeta, tienen efectos nocivos para el conjunto del planeta, también para esos donde no existe ninguna industria.

La interdependencia también se puso de manifiesto durante la crisis económica de 2008. Observamos cómo la crisis de los mercados en un área del mundo, por una larga secuencia de causas y efectos que solo la macroeconomía es capaz de explicar, tenía efectos en nuestra vida cotidiana, en el precio de la gasolina, de la hipoteca y del pan. Esta crisis que no habían provocado las clases medias se cebó, en especial, con ellas.

La interdependencia se puso también de manifiesto en el ámbito social. En un mundo estructuralmente injusto como el nuestro, donde una pequeña minoría, cada día más diminuta, concentra el gran capital y una gran mayoría, cada día más ancha, sufre carencias de todo, es imposible que haya paz. La injusticia estructural tiene efectos globales, de tal modo que incluso quienes pensaban vivir al margen, más allá del bien y del mal, para decirlo con Friedrich Nietzsche (1844-1900), se ven obligados a blindarse, a pagar sumas astronómicas a empresas privadas para garantizar su seguridad. No puede haber paz en un mundo de esta naturaleza, porque la paz es fruto de la justicia (*pax opus iustitiæ est*). En esta tesis están hermanados, paradójicamente, Karl Marx (1818-1883) y el papa Juan XXIII (1881-1963).

La conclusión de todo ello es clara. Cuenta el teólogo brasileño Leonardo Boff: «Nadie está inmune al virus. Ricos y pobres tenemos que ser solidarios unos con otros, cuidarnos personalmente y cuidar de los otros y asumir una responsabilidad colectiva. No hay un puerto de salvación. O nos sentimos humanos, coiguales en la misma Casa Común, o nos hundiremos».[4]

4. Marcelo Alarcón Álvarez (comp.), *Covid19*, Madrid: MA-Editores, 2020, p. 16.

4.
La hiperaceleración de los procesos

Los cambios que hemos vivido en los últimos meses se han producido a gran velocidad. Una situación dinámica, como la que hemos vivido y viviremos en los próximos años, exige ductilidad en la toma de decisiones y gran capacidad de adaptación a los nuevos escenarios.

Los líderes políticos tendrán que comparecer una y otra vez a la tribuna para explicar las decisiones que tomen, pues, dada la volatilidad de la situación, estas tienen que tomarse con un detenido conocimiento de lo que pasa en cada momento. De ahí la necesidad de este vínculo tan estrecho entre la figura del político y la del científico.

El científico está llamado a aportar datos, a interpretarlos y a explicar, con rigor y veracidad, la evolución de la situación, pero el líder político está llamado a descifrarlos y a tomar decisiones pensando en el interés general. Esta conexión no es fácil por muchos motivos, pero debe ser muy ágil dada la acelerada transformación del mundo en el que vivimos. El diagnóstico que se elaboró ayer ya no sirve para comprender la situación presente, pero el que se está elaborando hoy mañana estará desfasado. Los científicos sociales han utilizado la noción de hiperaceleración para referirse a la naturaleza de nuestra época.[5] Todo cambia, todo fluye, pero, además, muy velozmente, de tal modo que, cuando uno se adapta al nuevo entorno, este muta y uno se ve obligado a dejarlo para instalarse en el siguiente. Esta transformación disruptiva exige tener mucha agilidad mental y física, de forma que solo quienes manejen estas habilidades sobrevivirán.

Emerge, en el cuerpo social, el darwinismo de la velocidad. Los más veloces serán capaces de sobrevivir a la lucha de todos contra todos mientras que los más lentos y pesados quedarán rezagados. Este darwinismo se observa en muchos procesos, en especial durante las crisis sociales y económicas. Cuando hay escasez de recursos, el más veloz llega antes y adquiere lo que los demás ya no tendrán. Durante la pandemia lo hemos visto con el negocio de las mascarillas. Algunos intuyeron, antes que otros, que se iban a necesitar mascarillas. Las compraron a bajo coste y consiguieron tener un lugar preeminente en el mercado. Otros llegaron tarde y se quedaron sin el codiciado recurso.

El darwinismo de la velocidad es letal para los grupos más vulnerables, para esos ciudadanos que no tienen la misma agilidad mental y física ni los recursos económicos o tecnológicos para hacerse con el recurso antes que sus semejantes.

5. Lluís DUCH, *Vida cotidiana y velocidad*, Barcelona: Herder, 2019.

En tiempos de crisis estructural es fácil sucumbir a esta tentación. La historia nos da ejemplos de ello a troche y moche. También en los *Lager* hubo pillos y astutos, como cuenta Primo Levi (1919-1987), que se anticiparon velozmente a las necesidades y supieron negociar con el malvado y salvar el pellejo. Por eso no es extraño, como cuenta el escritor judío, que, después de la liberación, muchos supervivientes lo primero que experimentaran fuera la culpa.

El darwinismo biológico parte del siguiente supuesto: los más inteligentes, los más capaces de adaptarse al cambio, sobrevivirán, mientras que los más lerdos, incapaces de comprender lo que la situación exige, perecerán. Esta tesis se ha traducido en el campo social, económico, cultural y educativo y se transmite como un dogma de fe. Sin embargo, la supervivencia no depende en exclusiva de la velocidad del individuo singular, sino de la ayuda intracomunitaria o de lo que Émile Durkheim (1858-1917) llamó la *solidaridad*.

La crisis pandémica lo ha puesto de manifiesto diáfanamente: sin la cooperación entre los agentes sociales, sanitarios, fuerzas del orden, científicos y políticos, empresarios y voluntarios no habría sido posible salir de ella.

El talento compartido es imprescindible para poder salir del atolladero. La agilidad es un valor, pero el individuo aislado no posee ni los recursos ni los conocimientos ni las destrezas para salir adelante. Necesita de los demás para poder hallar la solución a los problemas que presenta cada situación.

Piotr Kropotkin (1842-1921), contemporáneo de Charles Darwin (1809-1882), lo expuso en su ensayo *El apoyo mutuo.* En la lucha contra las crisis futuras que se avecinan, cada cual deberá aportar su talento y energía vital para crear sistemas de protección más sólidos y duraderos que los que garantiza la mera iniciativa individual.

5.
La vulnerabilidad
de lo humano

Las crisis sirven para desmontar tópicos y prejuicios que no se ajustan a la realidad de los hechos, que con facilidad se transmiten por las redes, pero que chocan frontalmente con el ser de las cosas. La realidad es dura y se impone y, frente a ella, nuestras construcciones conceptuales se derrumban como un castillo de naipes. **La lección más potente que nos ha dejado esta crisis es la constatación de la vulnerabilidad de lo humano.** «La conclusión —dice el filósofo Paolo Costa— es que la gran lección que nos enseña la epidemia de coronavirus es que somos criaturas más frágiles de lo que pensábamos.»[6] En efecto, somos vulnerables. Más de lo que creíamos. Estamos expuestos al mal, a la enfermedad, al dolor y, fatalmente, a la muerte. El virus nos ha herido profundamente, ha desorganizado nuestro sistema de vida, se ha llevado por

6. Marcelo ALARCÓN ÁLVAREZ (comp.), *Covid19*, Madrid: MA-Editores, 2020, p. 73.

delante a personas que amábamos y no hemos podido evitarlo. La vulnerabilidad se ha puesto de manifiesto con toda su patencia. La crisis no conoce la simulación. Nos desnuda de falsos mitos y expone, con crudeza, lo que somos y no lo que imaginamos ser. El mito del control total, del progreso tecnológico indefinido, de la autosuficiencia humana frente a la naturaleza se ha hecho añicos. Nos lo susurramos al oído: «No somos nada». Y es verdad, sin embargo, que esta nada que somos ha sido capaz de extraer de su último fondo energía espiritual para plantar cara al virus y salvar el máximo número de vidas. *Vulnerabilidad* procede la palabra latina *vulnus*, que significa herida. Significa la susceptibilidad a ser herido. Hemos constatado, a lo largo de la crisis, que no somos inmunes al mal y que este se reproduce de mil formas, lo cual nos exige mucha inteligencia e imaginación para futuros combates. La lucha contra lo que somos despierta la inteligencia cooperativa, pero esta lucha jamás concluye. Da algunos descansos, pero siempre, de un modo cíclico, reaparece.

Venceremos este virus, la ciencia va a entregarnos la nueva vacuna, pero emergerán nuevas pandemias y nuevos cataclismos que exigirán, de nuevo, combates intelectuales y sociales de todo tipo. Cuando la vacuna se haya patentado, se va a plantear otro debate bioético global de gran envergadura: el de su distribución equitativa. ¿Cómo podremos garantizar que todos los seres humanos, independientemente de su poder adquisitivo, puedan acceder a ella? ¿Quién va a garantizarlo?

La textura del mundo

La historia vivida demuestra, con múltiples ejemplos, que la vulnerabilidad no se puede extirpar. Nada nuevo bajo el sol. Hemos paliado males de tiempos pretéritos, hemos sido capaces de curar enfermedades muy graves y de hallar soluciones a problemas sociales, educativos y sanitarios de gran envergadura, pero la vulnerabilidad ontológica, la que atañe a nuestro ser, se manifestará una y otra vez en el futuro porque forma parte de nuestra naturaleza más íntima y, sin embargo, extirparla siempre ha sido nuestro más profundo deseo.

En contextos de desesperación colectiva, de nihilismo poscrisis, es fácil afiliarse a ideologías tecnoprogresistas, a formas de gnosticismo tecnocrático como la utopía transhumanista que vende el sueño de una humanidad omnipotente capaz de recrearse tecnológicamente a sí misma y de superar todas sus carencias a través del desarrollo exponencial de la robótica, las biotecnologías, las nanotecnologías y la inteligencia artificial de última generación. Es fácil sucumbir a esta nueva ideología utópica, pero la realidad es tenaz y, desafortunadamente, se impone por doquier.

La vulnerabilidad puede, por un lado, conducirnos a la pasividad, pero puede, por otro, despertar conciencias y espíritu de lucha. Esto es lo que ha sucedido con la crisis pandémica que hemos vivido y lo que tiene que permanecer en la memoria colectiva para abordar el incierto futuro que nos aguarda.

Existen diferentes grados de vulnerabilidad, pero todos participamos de la misma fragilidad. **Una sociedad decente** está en especial atenta a los grupos más vulnerables que habitan en ella. Esta prioridad no es una opción; es una necesidad dada la gravedad de sus carencias.

No podemos olvidarlo en el horizonte que se avecina.

6.
La complejidad frente al neopopulismo

La crisis que sufrimos y que se va a prolongar durante un largo tiempo nos ha revelado una lección que no podemos arrinconar en el desván de nuestra memoria: el populismo constituye un insulto a la inteligencia, una escapada hacia delante, un narcótico para masas, pero en ningún caso el modo de afrontar situaciones críticas.

Quizás sería el momento de recuperar un concepto que la prosa marxista divulgó, pero que acuñó Ludwig Feuerbach (1804-1872): la alienación. El populismo es alienante porque engaña y crea la esperanza en un mundo ideal, en un paraíso en la tierra que genera ilusión, pero inviable desde el punto de vista práctico.

Durante las dos últimas décadas, el populismo, en todas sus formas y expresiones, ha crecido socialmente y ha sumado nuevos adeptos. En tiempos de crisis estructural, es fácil que todavía se reproduzca con más aceleración. Cuando los sistemas se quiebran, cuando todo se desmorona y percibimos el aliento de la nada, emerge, con más ahínco que nunca, la necesidad de un mesías que aporte soluciones milagrosas a problemas de gran calado.

El populista es, justamente, esa figura elevada al plano de redentor social y político que ofrece una salvación mágica a los múltiples problemas que padecemos y, además, de consumo fácil para las masas. A través de su retórica articula una soteriología política que seduce a la ciudadanía y, de este modo, se gana su simpatía. Esta le da su apoyo, el populista adquiere el poder y al fin, cuando ya lo ejerce, constata lo que ya sabía de entrada: que no puede llevar a cabo las reformas que prometió, las supuestas soluciones milagrosas que con tanta vehemencia repetía en sus mensajes públicos, a través de sus mítines y tuits.

Él ya lo sabía, pero la ciudadanía crédula que lo encumbró no. Esto es lo propio del cinismo posmoderno planetario. El cínico, como escribe Peter Sloterdijk (1947), es un gran comediante, un excelente impostor. Habla tan bien que parece que se lo crea de verdad. Se presenta con tal carisma que da la sensación de que es un tipo fiable, honesto, digno de confianza. Es un virtuoso de la hipocresía y, naturalmente, logra engañar.[7]

Luego, sentado en el trono, no puede llevar a cabo lo que dijo y la consecuencia final es la frustración de la ciudadanía, el sentimiento de engaño, el escepticismo generalizado. El neopopulismo se va a multiplicar exponencialmente en los próximos años. Se va a disfrazar de patriotismo, de co-

---

7. Peter Sloterdijk, *Crítica de la razón cínica*, Madrid: Siruela, 1989.

munismo *new age*, de ecologismo de tercera generación, de neoliberalismo compasivo, pero todos estos trajes solo ocultan una realidad: el populismo no es la solución. Ningún ser humano, por astuto y hábil que sea, posee la solución a todos los problemas derivados de la crisis global. La ciudadanía debe desarrollar sistemas inmunológicos frente a los neopopulismos nacionales e internacionales que van a brotar en esta década del siglo XXI. Lo que la crisis nos enseña es que es fundamental virar hacia otro paradigma: el de la complejidad. El sociólogo francés Edgar Morin (1921) lo ha defendido, por activa y por pasiva, en sus obras.[8] No se trata de hacer una versión breve y simplificada de su propuesta intelectual, pero sí que es preciso reivindicar el concepto y no perderlo de vista de nuestro horizonte, pues constituye el único modo de salir de esta desestructuración global. **El paradigma de la complejidad es un alegato contra la lógica simplista.** Consiste en considerar todos los factores y variables que hay en juego, en contemplar todas las consecuencias de las decisiones antes de ejecutarlas. Consiste en tener la audacia de explorar los efectos que dichas decisiones pueden tener para los grupos más vulnerables y tener el valor de ser, si cabe, impopular al señalar itinerarios que no gocen de la aceptación de las masas, pero que deben ser seguidos para hallar la mejor solución.

---

8. Edgar MORIN, *Introducción al pensamiento complejo*, Barcelona: Gedisa, 2009.

La crisis nos exigirá recorrer vías alternativas que no son políticamente correctas ni electoralmente rentables, pero que la complejidad de la situación exigirá.

Cuando todo cruje, no se trata de buscar el bien ideal, sino de evitar el mal mayor.

7.
Tres actitudes
frente a la crisis

Ante la crisis total que estamos sufriendo, se manifiestan tres posibles actitudes. Es fácil percibirlas a diario en nuestro entorno, en nuestros allegados, a través de las conversaciones que tenemos unos con otros. Lo expresa de un modo diáfano el filósofo francés Emmanuel Mounier (1905-1950) en sus textos. La experiencia del padre del personalismo comunitario, que tuvo una vida muy agitada, marcada por las dos guerras mundiales y por la resistencia francesa frente al nazismo, puede iluminar nuestra encrucijada.

La primera actitud es el temor que conduce al blindaje emocional y a la cerrazón mental. «Unos —dice— se entregan al temor y a su reflejo habitual: el repliegue conservador sobre ideas adquiridas y potencias establecidas. El engaño del espíritu conservador consiste en erigir el pasado en una pseudotradición, o hasta una pseudonaturaleza, y condenar todo movimiento en nombre de esta forma abstracta. Se cubre así de prestigio, aunque comprometa, al retirarlos de la vida, los valores que pretende salvar. Se busca la seguridad: lleva en sus flancos el furor y la muerte.»[9] Esta primera actitud es propia del espíritu conservador. Tiende a enaltecer el pasado y a cultivar la nostalgia. Quienes actúan así se recrean en los tiempos pretéritos, mitifican el mundo del ayer y lo distorsionan al engrandecerlo. Sucumben a lo que Jorge Manrique (1440-1479) inmortaliza en sus *Coplas*: «Cualquier tiempo pasado fue mejor». Su objetivo consiste en conservar ese legado y esas tradiciones, pero no se percatan de que ese mundo se ha desmoronado y que lo que viene nada tiene que ver con él.

La segunda actitud se caracteriza por la evasión. «Otros —escribe Emmanuel Mounier— se evaden hacia el espíritu de catástrofe. Se ponen a tocar la trompeta del Apocalipsis, rechazan todo esfuerzo progresivo bajo el pretexto de que la escatología es lo único digno de su gran alma; vociferan contra los desórdenes del tiempo, contra aquellos al menos que confirman sus prejuicios. Clásica neurosis en los tiempos de crisis en los que abundan las mitificaciones.»[10]

En tiempos de crisis abundan los profetas de las calamidades, los gurús del apocalipsis. Parten de una constatación que no se puede verificar, pero que dan por sentada, como un dogma de fe: no hay salvación posible. Dado que estamos más cerca del perverso final, para decirlo con Hans

---

9. Emmanuel MOUNIER, *El compromiso de la acción*, Madrid: Península, 1967, pp. 97-98.
10. *Ibidem*.

Jonas (1903-1993), solo cabe evadirse, beber y comer, disfrutar de lo poco que queda, reventarlo todo, pues mañana moriremos.[11] Esta actitud evasiva descarta la posibilidad de reconstrucción, de regeneración y, por consiguiente, el compromiso cívico que ello acarrea. Es una salida por la tangente. Y acomodaticia, que justifica su pereza con los discursos distópicos que, en un tiempo como el nuestro, se multiplican como los piojos por las capilaridades digitales.

Finalmente, existe otra actitud que, no cabe duda, es la más difícil, pero es la única que puede abrir nuevos horizontes para la humanidad. «Queda —concluye el filósofo francés— una salida, una sola: afrontar, inventar, ahondar; la única que desde los orígenes de la vida ha superado siempre las crisis. Los animales que, para luchar contra el peligro, se han fijado en los escondrijos tranquilos y, entorpecidos por un caparazón, no han producido más que moluscos y ostras. Viven de despojos. El pescado, que ha corrido la aventura de la piel desnuda y del desplazamiento, ha abierto el camino que desemboca en el *Homo sapiens*.»[12]

Destaca tres verbos el filósofo francés: *afrontar*, *inventar* y *ahondar*. *Afrontar* significa plantar cara a la crisis, aguantar su mirada, resistir su impacto. Esto solo es posible si nos olvidamos de la tendencia individualista y lo afrontamos en

11. Hans JONAS, *Más cerca del perverso final y otros ensayos*, Barcelona: La Catarata, 2001.
12. Emmanuel MOUNIER, *El compromiso de la acción*, Madrid: Península, 1967, p. 98.

primera persona del plural. *Inventar*: solo es posible salir de esta si tenemos la habilidad para innovar y emprender, crear nuevos marcos, nuevos sistemas de vida y de producción y no sucumbir a la fácil tendencia de repetir modelos que en el pasado tenían sentido, pero que en la actualidad han sido carcomidos por la crisis. Finalmente, Emmanuel Mounier destaca un tercer verbo: *ahondar*. Se trata de ir a fondo, de no quedarse en la superficie, y para ello hay que trascender la cultura de la banalidad posmoderna.

PARTE II
Vidas confinadas

1.
De la rebelión
a la aceptación

A lo largo del confinamiento se han sucedido una serie de estados de ánimo. He observado esta evolución en este pequeño laboratorio antropológico que es mi hogar, pero imagino que también se ha producido en otros lugares. La crisis activa todo tipo de respuestas emocionales, pone a prueba los vínculos que tenemos y, en particular, nuestro temple anímico. El modo como respondemos a lo imprevisto dice mucho de nosotros, pone al desnudo nuestra verdadera naturaleza. Es difícil disimular en el espacio íntimo. Nos vemos tal como somos y los demás se dan cuenta de quiénes *realmente* somos. No hay trampa ni cartón.

Después de la sorpresa inicial y el desconcierto general vino la rebelión. La privación de una libertad tan básica como la de movimiento fue algo que nunca antes habíamos vivido en nuestras vidas. Tener que estar quieto por imperativo legal choca de frente con nuestro estilo de vida y muchos experimentamos una rebelión interior.

Rebelarse, como dice Albert Camus (1913-1960), significa decir «no».[13]

Luego vino la resignación. Tuvimos que quedarnos en casa y mirar la vida desde la ventana. Resignarse consiste en aclimatarse a una realidad que uno no ha buscado, que ni siquiera había imaginado, pero que debe asumir contra su voluntad, a regañadientes. En la resignación subsiste una rebelión interna frustrada, un duelo que escuece. En ella sobrevive la nostalgia de la vida anterior, que sigue intoxicando el presente. En la resignación, la mirada está puesta en el pasado, mientras que el presente se vive como un paréntesis.

Nos resignamos al confinamiento, pero con la esperanza de que fuera breve y ligero. Sin embargo, a medida que pasaban los días y las semanas, observamos que sería más largo de lo previsto y tuvimos que emplearnos, a fondo, en el arte de la resignación. Cada cual tenía en su mente una lista de proyectos frustrados, de ilusiones rotas, de compromisos truncados, y pensamos que compartirlos y exponerlos sería un modo de consolarnos mutuamente. Hacerlo tuvo un efecto liberador.

El último estadio emocional que, como una ola, llegó a mi hogar fue la aceptación. La ola no nos alcanzó a todos en el mismo momento. Es lo que acostumbra a ocurrir con las olas. Algunos aceptaron antes que otros la situación, pero, al final, no quedó otra que asumirla y tuvimos que ceder a la realidad.

---

13. Albert CAMUS, *El hombre rebelde*, Madrid: Alianza, 2013.

La transición de la resignación a la aceptación es, psicológicamente, un salto cualitativo. **Aceptar la realidad es asumirla con todas sus consecuencias,** situarse mental y emocionalmente en ella y extraer lo mejor que esta nueva situación aporta para cada persona y para el conjunto de la comunidad. Constituye un cambio de mirada, de actitud, que lo altera todo.

Empezamos a ver que el confinamiento tenía algunos aspectos positivos. Podíamos conversar largamente, ejercicio muy extraño en la vida normal. Podíamos cocinar con tranquilidad, sin tener que sucumbir al *fast food* para salir del paso. Los adultos nos dimos cuenta de que podíamos ejercitarnos en la comunicación digital y aprender a manejar las nuevas tecnologías con cierta destreza. Descubrimos un sinfín de posibilidades que ofrece el hecho de estar en casa juntos, aunque fuera por imperativo legal.

Cuando uno acepta la situación que se le ha venido encima, no se olvida del pasado ni de las pérdidas que ha experimentado desde que fue arrancado de su vida normal. El pasado, como un bumerán, vuelve e invade, de nuevo, la conciencia, pero uno ya no vive atrapado en él ni tiñe de amargura su presente. En la resignación subsiste una emoción muy tóxica que envenena el alma y la oscurece: el resentimiento. Uno siente, una y otra vez, lo que le ha sido usurpado y maldice el mundo en el que vive y, al hacerlo, contagia todo su entorno con el virus del rencor. En la aceptación, en cambio, se produce una metamorfosis del espíritu. Al asumir la nueva realidad, uno vislumbra las posibilidades que se abren, pero también reconoce sus carencias.

No será fácil permanecer en este estadio emocional en la etapa posvirus. Se vislumbran en el horizonte cambios drásticos en los planos social, económico y laboral, y aceptarlos no será sencillo. Sin embargo, cuanto antes seamos capaces de aceptarlos y de huir del canto de las lamentaciones, antes descubriremos las posibilidades que se abren en este nuevo horizonte colectivo.

2.
El arte de contemplar

La capacidad contemplativa es inherente al ser humano, sin embargo, extrañamente se desarrolla en la vida habitual. La acción o, mejor dicho, la hiperactividad acapara todos los ángulos de la vida. Nos pasamos el día haciendo cosas, desarrollando operaciones. La hipertrofia o exceso de vida activa nos caracteriza como sociedad.

La vida humana, decía Antoni Gaudí (1852-1926), es acción, pero la acción no es lo único que sabemos hacer. Para poder actuar correctamente, es fundamental contemplar el escenario donde nos hallamos y entrever la urdimbre de elementos que están en interacción.

El mismo Antoni Gaudí, para crear sus formas arquitectónicas, contempló con atención la naturaleza y se dejó inspirar por ella. «Este árbol que hay delante de mi taller —decía— es mi maestro.» Cuentan sus biógrafos que todos los domingos paseaba hasta el rompeolas para divisar el mar. Su movimiento ondulatorio inspiró algunas de sus obras arquitectónicas más emblemáticas, como la fachada de la Pedrera o el conocido banco del Park Güell.

La contemplación requiere la persistencia de la mirada

sobre el mismo objeto, y eso solo es posible si uno se queda quieto, tanto desde un punto de vista físico como espiritual. El confinamiento nos detuvo a todos. Tuvimos que posponer muchas acciones y adaptarnos a la situación. Se abrió un paréntesis en nuestras vidas que algunos aprovecharon a fondo para entrenarse en el arte de contemplar.

Aprendimos a mirar, con hondura, a los más cercanos, a ese conjunto de seres con los que nos cruzamos cotidianamente por el pasillo, a toda prisa. Aprendimos a mirar, con detenimiento, el propio habitáculo y el espacio exterior. Fruto de esta contemplación, algunos optaron por reformar algunos armarios, tirar algunos trastos, modificar algunos objetos o cambiar la disposición de algunos muebles para conseguir un entorno más armónico. La contemplación nos permite ver lo mismo, pero de otro modo, pues, al prestar atención a todos los elementos, uno se percata de lo que habitualmente le pasa desapercibido.

Cuando uno contempla de verdad, no busca nada en particular, no tiene ninguna finalidad preestablecida. Se deja llevar. La contemplación, como ya dijo Aristóteles (384 a. C.-322 a. C.), no está al servicio de ningún bien extrínseco. Es un fin en sí misma. Sin embargo, da frutos en la vida práctica. Inspira nuevas acciones, opera cambios en nuestro interior y, más tarde, en nuestra vida exterior. Al contemplar, uno se percata de lo que le sobra, pero también de lo que le falta, de lo que cohesiona a una comunidad, pero también de lo que la dispersa, de los lazos invisibles que lo unen a los que más ama, de las palabras que curan, pero también de las que hieren. Eso modifica, posteriormente, nuestro modo de hacer y de deshacer y, simplemente, nos vuelve prudentes.

Contemplar significa dejarse conmover por la realidad que a uno lo circunda, sumergirse en ella y olvidarse de su condición de espectador. La contemplación es un ejercicio de absorción, de superación de la dualidad, porque durante el trance contemplativo uno no está luchando con sus pensamientos ni peleando con sus preocupaciones. Tan solo toma distancia espiritual de ese río mental y emocional que cruza por su conciencia. Deja de estar metido en *su* mundo sin dejar de estar arraigado a su propio hogar y, desde ese otro lugar, observa lo que nunca ve y, sin embargo, siempre está ahí, delante de sus ojos.

Ahí están sus seres queridos, sus libros cubiertos de polvo que hace años que no lee, una figura que evoca un viaje muy lejano en el tiempo. Está, en definitiva, la vida que fluye con todo su esplendor. Cuando uno contempla la realidad que se asoma más allá de su habitáculo, a través de la ventana, se percata de una infinita gama de elementos que en la vida habitual le pasan absolutamente desapercibidos.

El imperativo de la quietud que ha tenido lugar durante el confinamiento nos ha permitido redescubrir esta capacidad contemplativa que hay en todos nosotros. Este aprendizaje no puede tirarse por la borda. Deberíamos no olvidarlo en el futuro, pues, para poder situarnos correctamente en él y decidir con responsabilidad, será imprescindible contemplar todos los escenarios que hay en juego.

3.
Conversar con desconocidos muy cercanos

La conversación requiere tiempo y el tiempo es lo que en la vida habitual más escasea. Poseemos objetos tecnológicos y artilugios que nos permiten desarrollar nuestras acciones con celeridad y eficacia, pero carecemos de tiempo. La paradoja es que todo este arsenal de dispositivos debería garantizarnos más tiempo y, sin embargo, la impresión que tenemos, colectivamente, es que disponemos de menos. **¿Qué hacemos, pues, con el tiempo que ganamos con todos estos artilugios? ¿Cómo lo empleamos?** Nos quejamos habitualmente de no disponer de tiempo para nosotros mismos, para cultivar nuestras relaciones más íntimas, para conversar, distendidamente, con nuestros amigos. El tiempo fluye de forma irreparable, pero la percepción subjetiva de este fluir varía sustantivamente según el contexto en el que nos hallemos y la situación vital que uno padezca.

El tiempo, por ejemplo, transcurre con extraordinaria lentitud cuando uno espera un diagnóstico. Todavía fluye más pesadamente cuando padece un mal físico o un dolor agudo que focaliza toda su atención. Una hora de dolor se convierte en una eternidad. Durante la crisis pandémica, algunos enfermos han sufrido esta terrible lentitud del tiempo. Aislados en sus habitaciones, suspendidos en la incertidumbre, han experimentado el transcurrir del tiempo como el movimiento del agua por un meandro.

Los profesionales de la salud, en cambio, han experimentado todo lo contrario. No disponían de tiempo material para poder atenderlos a todos, para informar y consolar a las familias, para escuchar sus dolencias y sufrimientos, porque el colapso era evidente. Esta asincronía se vive con sufrimiento y genera ansiedad, porque uno quiere llegar, corre sin cesar, pero no llega.

Dos colectivos humanos en el mismo espacio. Uno siente que la tarde no pasa, que el tiempo se ha parado, que la vida se ha detenido como una tarde de domingo. Otro, en cambio, no da abasto, vuela de un sitio a otro, trata de responder a mil solicitudes, se desvive por curar y cuidar correctamente. La hiperactividad conlleva la vivencia subjetiva de la aceleración temporal. Cuantas más acciones desempeñamos, más velozmente se pasa el día, la semana, el mes, la vida entera.

Durante el tiempo de confinamiento, han fluido, en el hogar, conversaciones que jamás habrían tenido lugar en circunstancias normales. Hemos dispuesto de tiempo para comer juntos, para la sobremesa, para la tertulia, para escucharnos y comprendernos. También hemos tenido ocasiones para discutirnos, reñirnos y enfadarnos. Ha habido de todo.

La conversación es un arte en desuso. Lo que abunda, en nuestra cotidianidad, es el intercambio acelerado de mensajes, el movimiento alocado de tuits, el ir y venir de *bytes* informativos, pero la conversación es otra cosa, se mueve en otro registro. Como la contemplación, no tiene finalidad alguna ni aspira a llegar a consensos ni a pactos. Su fin radica en sí misma, en el mismo placer de conversar.

Se trata de un pequeño ritual que requiere su tiempo, pero no solo eso, exige interlocutores capaces de empalabrar pensamientos y emociones y, a su vez, hábiles en el arte de escuchar. Sin recepción no hay conversación, pero sin una correcta emisión de pensamientos tampoco.

Durante el confinamiento hemos conversado con los cercanos y con los lejanos. Nos hemos llamado para contarnos cómo estábamos y para ayudarnos a sobrellevar la situación y las pérdidas. Hemos dispuesto de algo muy poco habitual en nuestra *vida normal*: tiempo para conversar.

Conversar con los cercanos ha sido revelador. La conversación es reveladora en la medida en que levanta el velo que habitualmente cubre la realidad. En el recíproco intercambio de pensamientos y de ideas, de estados de ánimo y de emociones, hemos comprendido mejor a los que nos rodean, pero también nos hemos sorprendido al constatar lo profundamente ignorantes que éramos de sus verdaderas motivaciones y convicciones.

Al conversar con ellos hemos descubierto que los próximos son extraños, extraños muy queridos, pero, al fin y al cabo, extraños. **En la fluidez de la conversación, la visión** petrificada del otro salta por los aires e irrumpe, con toda gravedad, el enigma de su ser.

Y eso es difícil de sostener.

4.
Vida interior versus vida exterior

El confinamiento ha sido una ocasión para realizar un movimiento nada común en la vida cotidiana: el difícil viaje hacia los adentros. Penetrar en el castillo interior del alma solo es posible si uno se desplaza de la ronda del castillo hasta sus aposentos más escondidos. Esta retirada del mundo abre un abanico de posibilidades que, por lo general, le están a uno vetadas en la vida cotidiana.

Somos seres capaces de este doble movimiento: hacia fuera y hacia dentro o, dicho de otro modo, el de la extraversión y el de la introversión. El primero nos impele a salir de nosotros, a tocar la calle, a interaccionar con los demás, a conocer lo que nos circunda. Esta salida de sí, que siempre es un acto intencional, nos permite adentrarnos en la realidad, hurgar en ella, conocerla a fondo, pero también constatar su resistencia, su dureza. Entonces captamos que no es como desearíamos que fuera, sino pétrea, granítica.

El segundo movimiento nos permite adentrarnos en el propio universo, en ese microcosmos intangible y singular que cada uno es, en ese ámbito preñado de pensamientos, de sentimientos y de deseos que fluye por debajo de nuestra piel.

El movimiento extático es en especial liberador, porque, en la medida en que uno sale de sí mismo, no tiene que pensar en lo que carga en sus adentros y se olvida, aunque solo sea de un modo provisional, de ese conglomerado de preocupaciones y padecimientos que flota como motas en el aire interior. Es una forma de escapar que usamos con frecuencia. Esta tentación siempre está aguardando en la esquina. Se llama *evasión* y, en tiempos de crisis global, de desestructuración de todos los sistemas, es fácil sucumbir a ella. Se trata de practicar la indiferencia con respecto a la vida interior, de crear un sistema inmunológico que lo preserve a uno de la tarea de pensar en su vida.

Si el futuro se percibe oscuro o, peor todavía, ni siquiera se percibe, algo muy patente durante las grandes crisis, es fácil abandonarse desesperadamente al *carpe diem* horaciano en su versión posmoderna. Si no hay futuro, solo queda un presente efímero y fugaz que cada uno trata de vivir del mejor modo posible. Es fácil, entonces, tirar de red y empacharse de vidas ajenas. El extraordinario consumo de teleseries de todo tipo y de programas basura que exhiben impúdicamente la miseria humana en estado puro habla por sí solo.

Encerrados en casa, necesitábamos distraernos, y no hay mejor distracción que escapar mediante un relato que seduzca desde el principio. La red es, de hecho, una gran oportunidad para evadirse de uno mismo, pues nos permite salir sin movernos, descubrir islas desconocidas en el gran océano telemático, entretenernos con tramas, argumentos y personajes que focalizan nuestra atención y nos permiten evadirnos de lo que viene.

A pesar de ello, las preocupaciones siempre se abren camino a golpe de machete. Ahí están, aguardando, y, cuando uno baja la guardia, brotan espontáneamente en su conciencia. La dependencia de la conexión, la necesidad de estar siempre en el afuera de uno mismo es un síntoma inequívoco del malestar que caracteriza nuestra vida colectiva. El confinamiento obligó a cerrar puertas y a quedarse en casa, pero nuestros hogares no son cenobios ni ermitas románicas; son esferas permeables, agujereadas por todo tipo de poros que permitieron mantener y acrecentar la comunicación con el mundo exterior. Esto salvó a muchos de la desesperación. Otros, en cambio, optaron por aprovechar la oportunidad y adentrarse en su propio ser.

La vida es dinámica. Como dice el sabio del Eclesiastés, hay un tiempo para cada cosa: uno para la exteriorización y otro para la interiorización, uno para la dispersión y otro para el afrontamiento de las dificultades. La crisis global que sufrimos requiere de esta capacidad de afrontamiento, pero, a la vez, también de evasión. Alcanzar este equilibrio entre ambos movimientos no es fácil, pero es imprescindible.

La crisis ha abierto la caja de Pandora. La ruptura que sufrimos genera desazón, pero, simultáneamente, nos impele a transitar por un ámbito, la interioridad, que uno ignora y, por eso mismo, lo abisma.

5.
El imperativo de la quietud

La quietud choca frontalmente con el dinamismo vital. Estar quieto es difícil, pero permanecer inmóvil todavía más, porque estamos hechos para movernos, para ir y venir. La quietud es ajena a la vida humana. Se podría decir que es contranatural, si esta palabra no fuera un vocablo prohibido. Donde hay vida hay movimiento, porque hay deseo, anhelo, expectativas que satisfacer, necesidades que resolver, urgencias que cubrir. La quietud ni siquiera es un rasgo propio de los dioses del Olimpo. La mitología griega cuenta que estos luchan entre sí, se enamoran, se enfadan, procrean, castigan y perdonan. Están en movimiento, allá, en las alturas, e interaccionan con nosotros e irrumpen en nuestras vidas.

También el Dios del Antiguo Testamento está en movimiento en la medida en que acompaña a su pueblo hacia la tierra prometida. Es un Dios sensible a los padecimientos de su comunidad, que sale de sí mismo para revelarse a Moisés y conducirlo a Canaán. Un Dios que se revela para salvar a su pueblo de la esclavitud no es un dios hierático, estático, pétreo; es un Dios vivo, que ama y sufre.

La vida intelectual también es movimiento, porque en ella late una búsqueda de la verdad, una persistente lucha contra el engaño. Donde hay anhelo hay movimiento, transición hacia el objeto de deseo. Vivir es moverse, y este es su gran atributo. Cuando la muerte irrumpe en un espacio, acaece la quietud. El cuerpo deja de moverse; está tieso y frío.

Donde hay vida hay movimiento, cambio, alteración, metamorfosis en todos los sentidos posibles, por eso la vida, la realidad radical, según José Ortega y Gasset (1883-1955), no puede conceptualizarse ni encapsularse en una categoría intelectual, porque rehúsa cualquier estructura fija. La vida, como señalaron los vitalistas, lo trasciende todo, fluye espontáneamente, se regenera una y otra vez, a pesar de las resistencias que encuentre en su entorno.

El imperativo de la quietud, pues, choca con virulencia con esta tendencia espontánea, inherente a la vida humana. Y, sin embargo, la quietud es una aspiración. Desearíamos permanecer quietos, haber alcanzado nuestros propósitos y ver colmados nuestros anhelos. La quietud es, por un lado, la metáfora de la muerte, pero, por otro, la mejor expresión de la perfección, de la culminación de todos los deseos y anhelos. Quien lo ha alcanzado todo no necesita moverse más, porque todo está en él.

Esta no es nuestra situación en el mundo. Nos movemos a causa de nuestra vulnerabilidad. Lo hemos vivido a fondo durante este tiempo de confinamiento. Hemos salido de casa a por pan, a buscar fármacos, a por mascarillas, a tirar la basura, a llevar la compra a nuestra madre anciana, en definitiva, a resolver necesidades. En todos estos movimientos late, en el trasfondo, una carencia estructural que hay que resolver.

Solo el ser pleno, el ser absoluto, autosuficiente, permanece quieto, pues en él está todo y no requiere de nada que esté fuera de él, pero el ser humano no pertenece a esta estirpe. El Dios de Aristóteles es la mejor expresión de este ser que es vida plena, primer motor inmóvil, acto puro.

La inquietud es nuestro destino. Deseamos lo que no tenemos, aspiramos a ser lo que no somos, envidiamos lo que otros poseen y deseamos conocer lo que todos ignoran. Todo esto nos pone en movimiento.

Y, sin embargo, durante el confinamiento hemos permanecido en nuestros hogares, hemos tenido que limitar nuestra movilidad, pero esto no significa que hayamos permanecido quietos. La quietud es la inmovilidad, y eso es muy difícil de alcanzar. Aun así, esta reducción de movilidad ha desacelerado el ritmo de vida, de consumo y de producción y nos ha hecho degustar, aunque solo haya sido por unos días, el valor de la quietud.

Quietud en las calles, en los parques, en las plazas y en las carreteras. **Esta quietud nos ha sorprendido, igual que el silencio que la ha acompañado. Hemos sentido un poco de nostalgia del paraíso perdido, porque la quietud aporta paz y la paz es la tranquilidad del alma.**

Y eso todos lo anhelamos.

6.
El vecino existe

Confinados en casa, nos hemos dado cuenta de que el vecino existe, se mueve, come, escucha música, hace ejercicio y duerme. En circunstancias normales, desaparecemos del hogar muy pronto y el vecino hace lo mismo, de tal modo que raramente nos encontramos. No sabemos nada de él, como él tampoco de nosotros. En algunos casos, el anonimato es de tal magnitud que uno ni siquiera sabe quién es su vecino. Nos encontramos con el vecino, por casualidad, en el ascensor y entonces no sabemos qué decirnos, cómo superar la violencia del silencio.

El valor del vecindario se ha puesto especialmente de relieve durante la crisis pandémica. El vecino no es el enemigo, es un cómplice que sufre como nosotros la misma situación. Es fácil cargar contra el vecino, pero raramente subrayamos la relevancia que tiene, sobre todo en una sociedad tan fragmentada como la nuestra, atomizada y disgregada.

La crisis ha despertado una vecindad positiva, ha regenerado las relaciones con nuestros vecinos. Confinados en casa, hemos experimentado, más que nunca, la necesidad de comunicarnos con ellos y de compartir miedos y angustias. Se han creado, de un modo espontáneo, redes de solidaridad intravecinal que jamás habrían nacido sin la crisis. Los vecinos más vulnerables han visto como otros se han ofrecido para traerles fármacos y productos básicos. Se han multiplicado formas de entretenimiento vecinal y de diversión comunitaria que extrañamente se habrían producido sin esta crisis. Nos hemos unido más a nuestros vecinos. Hemos hablado más con ellos. Nos hemos saludado desde los balcones. Nos hemos sonreído, hemos aplaudido juntos y todo eso ha roto esa tendencia tan evidente en nuestras sociedades hacia la disgregación y la indiferencia.

Esta lección no puede olvidarse en el futuro. Vamos a necesitar la ayuda de nuestros vecinos para poder sobrellevar la crisis total y hacerle frente. Por ello, es decisivo cambiar de mentalidad y ver al vecino como un cómplice en la lucha y no como un enemigo.

Subestimar al vecindario constituye un error común en las sociedades individualistas. Cada cual trata de salvar los muebles por sí solo y se limita a regar su propio jardín, como diría Voltaire (1694-1778), pero esta mentalidad no tiene futuro alguno, no nos lleva a ninguna parte.

La privacidad del hogar es un valor que debe ser respetado, así como la vida íntima y el pudor que debe acompañarla, pero eso no está reñido con fortalecer los lazos de vecindad. El estado del bienestar no podrá llegar a todos los rincones. Las nuevas formas de vulnerabilidad van a requerir vecinos atentos, con buenos radares, para poder responder eficazmente a sus necesidades.

La soledad no buscada es un mal endémico en muchas ciudades posmodernas. El Estado no puede salvar a los ciudadanos de este sentimiento de abandono, de no importar ni contar para nadie. Un vecino que pregunta a otro vecino cómo está supone un gesto de reconocimiento, también de humanidad. Significa reconocer que es alguien, que su situación le preocupa.

La crisis nos exigirá renovar a fondo nuestras comunidades de vecinos, elaborar estrategias conjuntas para contrarrestar el cambio climático, potenciar economías de solidaridad para sufragar gastos compartidos. Todo esto no es nuevo. Quizás lo habíamos olvidado a causa de la masificación, pero esta forma de civismo vecinal forma parte de la esencia de los pueblos y así ha sido durante la pandemia. Debemos aprender de estas comunidades vecinales que no permiten que ningún vecino anciano muera abandonado en su hogar, que ninguna vecina dependiente sufra en soledad.

La crisis ha despertado conciencias, pero es la hora del compromiso. Existe una multiplicidad de iniciativas de la sociedad civil que ponen de manifiesto la creatividad que brota espontáneamente del cuerpo social. Bancos del tiempo, transacción de dones, espacios compartidos, sistemas de detección de necesidades urgentes…, todo este arsenal de elementos será indispensable para protegerse de las nuevas pestes que nos azotarán y para no naufragar en las batallas que vendrán.

7.
La licuación del miedo

La crisis ha sido catártica. Hemos aprendido, colectivamente, a gobernar el miedo y a no ser gobernados por la más universal de las pasiones. Durante la pandemia, el miedo ha sido el gran huésped no invitado. Se ha colado, sin pedir permiso, en nuestras vidas y en nuestras conciencias. Esta pasión se percibe, con particular vehemencia, cuando uno toma conciencia de su vulnerabilidad, de su exposición al mal, a la enfermedad y a la muerte. Para tener miedo hay que tener conciencia, pues esta actúa como salvaguarda de la integridad física y moral. La inconsciencia, en cambio, nos conduce a la exposición y, al final, a la desintegración.

Además de los inconscientes, están los arrogantes, que creen que nada ni nadie puede alterar sus agendas, que lo tienen todo bajo control. La crisis pandémica los ha hecho más humildes y ha cortado de raíz la arrogancia de quienes pensaban que el virus era solo un peligro para los demás. Algunos líderes políticos de alcance internacional (huelga citar nombres) han tenido que tragarse como un sapo su propia arrogancia al tener que modificar, velozmente, sus planes, ver derrumbadas sus certidumbres y tener que rectificar en público sobre la marcha. Toda crisis activa un haz de miedos que se multiplican y se recrean por el espacio. Lo hemos constatado a diario, en casa y fuera de ella. Miedo a ser contagiado, miedo a enfermar, miedo a no tener respirador, miedo al aislamiento, miedo a la muerte. Miedo por los seres queridos, miedo por nuestros ancianos, miedo a contagiar a los demás, a los niños, a los más frágiles de la comunidad. Miedo, también, en los supermercados, en los vehículos públicos, en las colas callejeras, en los aeropuertos y en las fronteras. El miedo se ha olido en cada esquina.

Existe una íntima correlación entre miedo y vulnerabilidad. Precisamente porque hemos experimentado de un modo universal nuestra idéntica vulnerabilidad el miedo se ha hecho omnipresente. La pandemia no solo se ha extendido por los países en vías de desarrollo, sino por los Estados más ricos y poderosos del mundo económica y militarmente. Nadie se ha escapado de ella, aunque las consecuencias de la tormenta planetaria han sido muy distintas en un lugar y en otro en virtud de muchas variables, pero, sobre todo, de la fortaleza de sus estados del bienestar y del liderazgo de sus gobernantes.

Es imprescindible tomar nota de esta lección para futuras pandemias y crisis globales climáticas que, con mucha probabilidad, tendrán lugar en las próximas décadas. Solo los países que hayan apostado decididamente por un servicio público de salud y por unos servicios sociales universales, y asumido el coste que eso significa y las renuncias al bienestar y al confort individual que esto conlleva, podrán enfrentarse con ciertas garantías a futuras catástrofes. Cuando estas estructuras públicas de tipo social no existan, se producirá una escalada de darwinismo económico. Los que tengan más poder adquisitivo podrán resistir y se salvarán, mientras que el resto perecerá.

El miedo se ha licuado. Hay que rendir un tributo póstumo a la metáfora de Zygmunt Bauman (1925-2017), porque dio en el clavo.[14] Como un líquido, fluye por doquier, irriga todas las tierras y circula por todas las esferas sociales y por todos los canales de comunicación digital. Existe el peligro real de sucumbir a lo que Peter Sloterdijk denomina *histeria colectiva*, lo cual solo puede tener consecuencias catastróficas.

Nadie escapa al miedo, porque nadie es inmune al sufrimiento, al dolor y a la muerte. Hemos visto caer a un ejército de seres anónimos, de ciudadanos de a pie, pero también a figuras del mundo político, económico y artístico, a famosos pudientes que no han podido vencer al virus.

Frente al miedo, **el único fármaco posible se llama *audacia***, que no debe confundirse, jamás, con la temeridad. Ser audaz no es ser imprudente, no significa lanzarse a la piscina sin verificar si está llena o no. La audacia es compatible con la prudencia y la responsabilidad, pero da la fuerza espiritual para asumir los grandes desafíos sin amedrentarse.

14. Zygmunt Bauman, *Miedo líquido*, Barcelona: Paidós, 2007.

Urge esta virtud en el mundo poscoronavirus. La audacia, sin embargo, jamás puede sustentarse unilateralmente en el ego, porque el ego es frágil y efímero. Debe vincularse a la humildad y a la solidaridad. Solos no podemos vencer, pero juntos podemos alcanzar la victoria.

En la sociedad del miedo es fácil la deriva hacia un mundo caracterizado por la televigilancia global, por el panóptico de Jeremy Bentham (1748-1832) puesto al día gracias a las potentes tecnologías de la información y de la comunicación. La heurística del miedo, en palabras de Hans Jonas, servirá como argumento de persuasión de masas para limitar la libertad y la privacidad de los ciudadanos, para saber, en cualquier momento, *dónde* están, *con quién* están y *adónde* van. El mundo que viene tendrá que afrontar debates de ética mundial de gran calado. El miedo abre la puerta al control y el control pone en la picota derechos tan fundamentales como las libertades civiles, conquistadas con sangre, sudor y lágrimas, y también el derecho a la intimidad. El control a distancia de las vidas vulnerables y de los ciudadanos patógenos puede conducirnos a un mundo supervigilado por compactos sistemas tecnológicos a disposición de las autoridades políticas o de corporaciones privadas multinacionales.

¿Este mundo neoorwelliano que se vislumbra en el horizonte es el que realmente deseamos legar a nuestros hijos y nietos?

¿Tenemos alguna alternativa diferente? ¿Somos capaces de empoderar a la ciudadanía en el valor de la responsabilidad y de la solidaridad?

Las crisis, cuando se superan, generan autoestima colectiva, sentido de orgullo comunitario. Esta energía espiritual debe ser aprovechada como reserva frente a las múltiples turbulencias que se avecinan en el futuro. Debemos recordar que fuimos capaces de vencer al virus. Esta lección debe empoderarnos para enfrentarnos a nuevas batallas que tendrán como rivales a otros enemigos. Al final de *La peste*, Albert Camus lo expresa de un modo diáfano. La peste de Orán termina y aniquila a una masa de ciudadanos, pero el doctor Rieux sabe que vendrán otras y que hay que prepararse para recibirlas.

Sísifo carga con la roca en su dorso hasta que llega, de nuevo, a la cima de la montaña, y lo hace tantas veces como sea preciso. Resiste. La solidaridad global permite repartirnos la carga, compartir el peso para resistir mejor el embate de la bestia.

El miedo se ha licuado, pero la ciudadanía mundial no es un Sísifo solitario que estoicamente carga con la roca. Tiene capacidad para crear redes de ayuda mutua y distribuir la carga en distintos nódulos para que nadie se rompa la columna vertebral jugando a ser un héroe.

PARTE III
Rituales en tiempos volátiles

1.
El ritual de la gratitud

Uno de los rituales que me ha emocionado más durante el tiempo de confinamiento ha sido el de las ocho de la tarde. Día tras día, vecinos anónimos hemos salido a las ventanas y a los balcones de nuestras casas para aplaudir a los profesionales de la salud, los verdaderos héroes de esta contienda contra el virus.

Un ritual tiene, al menos, tres rasgos que antropológicamente merece la pena subrayar: la continuidad, la gestualidad y la comunidad. La repetición es fundamental para que exista un ritual. Esta repetición puede ser diaria, semanal, mensual, anual o, como en los Juegos Olímpicos, cada cuatro años, pero es esencial su repetición periódica.

El ritual de gratitud que los ciudadanos espontáneamente hemos celebrado todas las tardes se ha mantenido a lo largo del tiempo de confinamiento y siempre se ha celebrado a la misma hora. Nació de un modo espontáneo y no por imperativo legal, sin liderazgos ni contraprestaciones. Emergió del corazón de la sociedad como una expresión libre de gratitud. Este es su valor.

La gestualidad es inherente a todo ritual, sea o no religioso. El lenguaje no verbal desempeña un rol decisivo en él para evocar emociones colectivas, valores compartidos, creencias muy arraigadas. El aplauso es una forma de lenguaje corporal que utilizamos para reconocer a alguien, para celebrar un acontecimiento, para mostrar nuestro respeto, pero también nuestra alegría. Aplaudimos a los artistas cuando terminan su actuación, a los futbolistas cuando meten un gol, a los héroes que se dejan la piel para que otros vivan. En este pequeño y simple ritual laico no había taumaturgos ni ceremoniales. Todos aplaudíamos a la misma hora y a los mismos profesionales. Esto explica su carácter universal y, además, intergeneracional.

Un tercer elemento decisivo en un ritual es la comunidad. La comunidad universitaria celebra sus propios rituales de inauguración y de clausura del curso académico, pero estos no serían posibles sin el cuerpo de profesores, el de estudiantes, el rector, los decanos y todos los actores que forman eso que Alfonso X el Sabio definió como comunidad de maestros y discípulos y que recibió el nombre de *universitas*.

Sin comunidad no hay ritual. En el ritual de gratitud que nos ocupa, la comunidad ha sido el vecindario. No ha sido una decisión tomada, por consenso, en la comunidad de propietarios. Se ha reproducido por mímesis y esta imitación ha tenido un alcance transnacional.

La esencia de este ritual ha sido la gratitud. Todo ritual obedece a una finalidad, tiene una teleología inmanente. Aplaudíamos para reconocer el trabajo y la entrega de los profesionales de la salud en su conjunto, a los médicos, a las enfermeras, a las auxiliares y asistentes.

La gratitud es un valor que escasea en la sociedad posmoderna. Lo que nos caracteriza, como colectividad, es la cultura de la exigencia. Exigimos derechos, servicios, bienes y, además, con inmediatez. Lo queremos ahora y aquí. No tenemos tolerancia a la espera. Sin embargo, la crisis nos ha obligado a cultivar la virtud de la espera y de la paciencia.

El agradecimiento solo es posible cuando uno toma conciencia del don recibido, de lo que los demás le dan con su talento y esfuerzo. Eso es lo que la sociedad ha vivido durante el confinamiento. Ha experimentado gratitud y, cuando uno siente esta emoción, necesita dar algo, ofrecer algo a quien le ha entregado su energía. Lo que hemos dado era un gesto tan simple y fácil de realizar que hasta un niño podía hacerlo: aplaudir. Esta es, también, su grandeza.

El valor de la gratitud ha emergido con fuerza en el cuerpo social y lo ha hecho espontáneamente. Hemos visto a policías aplaudir a enfermeras y enfermeras aplaudir a transportistas, asistentes a soldados y clientes a cajeras del supermercado. Algo inédito.

Me pregunto: **¿esta cultura de la gratitud va a permanecer en el tejido social o se va a diluir después de la pandemia global? ¿Será un vago recuerdo de algo que, milagrosamente y contra todo pronóstico, sucedió o arraigará en ella?**

En el mundo que se vislumbra, la ayuda mutua será indispensable. **Darnos las gracias unos a otros será imprescindible para mantener el entusiasmo y la energía espiritual para vencer las resistencias.**

2.
El arte de despedirse

Es imprescindible abordar el arte de despedirse. Durante la crisis pandémica muchos pacientes, sobre todo ancianos, no han podido despedirse de sus familiares en el proceso final de vida. Han muerto solos, en una habitación extraña, lejos de sus hogares y de sus comunidades afectivas. Se han vulnerado derechos fundamentales de la persona en situación crítica, como el de ser informada veraz y puntualmente, el de poder comunicarse con sus seres amados, el de poder decidir cómo y de qué manera desea gestionar ese final o el de planificar el ritual posterior. Todo eso, en la gran mayoría de las situaciones, ha sido dinamitado por los aires a causa de la urgencia, el colapso y la saturación. Y han sido vulnerados a pesar del esfuerzo y el empeño de los profesionales de la salud.

Eso tiene sus consecuencias. Genera un sufrimiento interior que deberá ser sanado con cuidado, desata un huracán de emociones muy tóxicas, como la rabia, la impotencia e incluso la culpabilidad. Muchos hijos e hijas se han sentido culpables por no estar ahí, al lado de sus padres, en las horas finales, o por haberlos ingresado en una residencia geriátrica al creer que era su mejor emplazamiento. La culpa pesa y requiere, de un modo imprescindible, de mecanismos de curación para evitar que se cronifique y acabe envenenando el alma.

Este sentimiento hostil constituye una de las grandes heridas emocionales que ha causado la crisis pandémica, y no solo en familiares, también en profesionales de la salud que no han podido asistir del modo que deseaban a sus pacientes.

Constituye una evidencia antropológica: **necesitamos despedirnos de las personas que amamos**, pero eso solo es posible si uno sabe que se va, es consciente de ello y, además, puede expresarlo. En muchas circunstancias que hemos vivido, estas premisas no se han dado. El protagonista no ha sido consciente de su situación límite y tampoco sus familiares, lo cual ha agravado profundamente la situación. Esta opacidad comunicativa, junto con el aislamiento físico, ha creado un nudo emocional que debe ser desatado.

Necesitamos comunicarnos lo esencial en los momentos cruciales de la vida. La proximidad a la muerte es, por definición, uno de ellos. Cuando se acerca la última hora, se deben curar heridas, comunicar determinados mensajes a determinadas personas, desarrollar procesos de reconciliación interior para pacificar la hora final. Algunos pacientes, motivados por sus convicciones religiosas, desean ponerse en paz con Dios y necesitan un acompañamiento ritual, con todo su valor simbólico, pero, más allá de este círculo, todo ser humano, independientemente de sus convicciones filosóficas y religiosas, necesita una atención espiritual que en condiciones habituales se ofrece de un modo personalizado.

Todo esto, en un contexto de guerra total contra el virus, ha pasado a un segundo plano porque la urgencia lo ha acaparado todo. El aislamiento forzado ha roto el vínculo social que todo ser humano necesita en los momentos límite. Los profesionales de la salud han hecho cuanto ha estado en sus manos para paliar esta ausencia, para dar el afecto y el cariño que todo ser humano necesita cuando es expulsado de este mundo contra su voluntad. A través de todo tipo de artefactos tecnológicos han hecho lo que ha estado en sus manos para establecer el nexo comunicativo entre el paciente y su entorno afectivo, para encauzar el abrazo digital. Este gesto ha sido, en cualquier caso, un signo de humanidad y de sensibilidad ética.

Durante esta crisis pandémica se ha debatido prolijamente sobre el arte de despedirse, sobre cómo pacificar el proceso final de vida. La urgencia nos ha exigido actuar de maneras muy lejanas a las que serían ideales, a lo deseable, pero también nos ha permitido poner en valor lo que significa un buen ritual de despedida. Esto constituye ya un aprendizaje colectivo.

Todos morimos solos, pero nadie debe morir abandonado. Al despedirse de alguien, resulta imprescindible agradecerle todo cuanto ha aportado a nuestras vidas. Esta gratitud es la que muchos hijos e hijas no han podido mostrar a sus padres, y eso duele en el alma.

Queda la posibilidad de transmitir este agradecimiento público en un ritual funerario en diferido, a modo de homenaje póstumo, con la esperanza de que nuestro sincero agradecimiento llegue, de alguna forma, a los oídos del ausente.

3.
El valor del cuidado

Si algo se ha puesto meridianamente de manifiesto durante la monumental crisis pandémica que hemos sufrido es el valor del cuidado y, por extensión, de los profesionales que cuidan. Por lo general, este oficio adolece del reconocimiento social y económico que debería tener en nuestras sociedades. Salvo algunas excepciones, no es una tarea que uno elija por vocación, menos aún por alcanzar un prestigio social. Muchos llegan a ella porque no han encontrado otra ubicación mejor. Sin embargo, la tarea de cuidar es esencial en la vida humana y se ha puesto especialmente de relieve en este contexto de crisis estructural. **Necesitamos ser cuidados a causa de nuestra vulnerabilidad.**[15] En el futuro deberemos aprender a cuidar mejor de nosotros mismos, de las personas vulnerables y del entorno natural. El ejercicio del cuidado no constituye un lujo ni una opción; es una necesidad básica para la supervivencia

---

15. Virginia HELD, *The Ethics of Care: Personal, political, global*, Oxford: Oxford University Press, 2006.

de la especie. Existimos porque fuimos cuidados por alguien cuando carecíamos de capacidad para gobernarnos a nosotros mismos. Fuimos hospedados, acogidos en un hogar. Subsistimos en el ser porque a diario nos cuidamos, respondemos a las necesidades del cuerpo y del alma. Solo un ser autosuficiente y autárquico puede vivir sin la práctica del cuidado, pero los compatriotas del humus, dada nuestra indigencia, necesitamos cuidarnos y cuidar de los más vulnerables.

La crisis social, económica y laboral que vivimos nos brinda una lección de primer orden. Tenemos que articular liderazgos fundados en el cuidado (*caring leadership*) y políticas públicas centradas en el cuidado de los ciudadanos, en especial de los más frágiles.[16] Debemos estar atentos a las personas con discapacidad física o intelectual, a las personas dependientes, sea económica o socialmente.

Cuidar no significa, en ningún caso, anular y tampoco sustituir. No debe confundirse con el paternalismo despótico. Cuidar constituye una tarea muy compleja. Por un lado, exige estar atento a las múltiples necesidades del otro, tener el detector de carencias bien instalado, pero, por otro, dar respuesta a ellas, priorizar las más apremiantes y posponer las menos relevantes. Este ejercicio de jerarquización exige mucha atención y no está exento de profundos debates éticos.

16. Marie GARRAU, *Politique de la vulnérabilité*, París: CNRS Editions, 2018.

Los ancianos dependientes necesitan comer, tomar fármacos, ser aseados todos los días, ser transferidos de un lugar a otro, pero también necesitan ver a sus seres queridos, sentirse útiles, gozar de la música, del aire libre, de la lectura, de la vida afectiva y sexual. En contextos de crisis se debe priorizar, y esta jerarquía siempre exige renuncias personales. Cuando todo se desmorona, las necesidades primarias ocupan la atención principal. Lo hemos visto durante la crisis pandémica. La sociedad civil se ha movilizado para garantizar que las familias más vulnerables pudieran tener alimentos gratuitos o para que el colectivo de los sintecho no tuviera que deambular por las calles o dormir en los bancos. El cuidado comunitario se ha puesto en marcha y esta lección no puede olvidarse en el futuro.

Cuidar es acompañar, responder a necesidades, pero, a su vez, empoderar a las personas para que puedan resolver por sí mismas sus carencias, para que puedan desarrollar sus proyectos de vida. Esto no es posible sin la cooperación de todos los agentes sociales. Los grupos más vulnerables necesitan esta corresponsabilidad para poder salir adelante, romper el estigma y emanciparse.

El planeta necesita líderes que focalicen su política en el cuidado de todos, que anticipen los efectos colaterales de sus decisiones antes de llevarlas a cabo. Las políticas del cuidado serán decisivas en esta crisis que se avecina, y para hacerlas efectivas deberemos aprender de quienes tienen maña en el arte de cuidar.

Los invisibles, los que acompañan a los seres humanos más vulnerables y conocen bien sus limitaciones y posibilidades deben ser escuchados, pero también quienes cuidan de los seres vivos, de las especies más desprotegidas de la Tierra y nos alertan, desde hace décadas, de la urgencia de un cambio de paradigma, de la necesidad de virar hacia una política global centrada en el cuidado de la casa común y de los inquilinos más frágiles que la habitan.

4.
La liturgia de la piel

El imperativo de la distancia social no ha sido fácil de sobrellevar ni lo será en las crisis pandémicas futuras. Exige un cambio de actitud y de formas de interacción a las que no estamos habituados. En nuestras formas de comunicación interpersonal, el lenguaje gestual ocupa un rol simbólico central. Cuando, por motivos de salud pública, nos vemos obligados a guardar la distancia, a censurar el movimiento de los abrazos, la gestualidad manual y facial que de un modo espontáneo fluye de nosotros, nos sentimos amputados comunicativamente.

Hemos tenido que contener manifestaciones de afecto, hemos cedido el protagonismo a la esfera digital y todo parece indicar que nuestra vida en la red va a adquirir mayor presencia en el futuro. En lugar de circular por las calles y avenidas, de celebrar reuniones y encuentros presenciales, hemos tenido que quedarnos en casa y conectarnos. Nos hemos desplazado hacia este mundo paralelo y, desde ahí, nos hemos comunicado.

Sin embargo, hemos sentido nostalgia de la piel, del contacto físico. La tecnología nos permite salvar la distancia física, pero no la emocional. Ofrece contigüidad, pero no proximidad, porque la proximidad exige la liturgia de la piel y el universo digital es, a pesar de todo, frío. A través de él ponemos en funcionamiento, por ahora, dos sentidos: el de la vista y el de la audición, pero no olemos ni tocamos ni saboreamos las cosas que están al otro lado de la pantalla. El mundo en el que nos manejamos es distal, auditivo y visual. Esta reducción de nuestras capacidades comunicativas ha sido vivida negativamente, pero nos ha permitido salir a flote.

La crisis siempre es un factor depurador. Aclara la mirada y permite discernir lo esencial. Metidos en la jaula digital, nos hemos dado cuenta del valor que tiene la proximidad de los cuerpos, de las manos, de los rostros. Es muy posible que los tecnólogos pronto puedan ofrecernos un universo digital donde experimentar también olores, sabores, contactos, y que estas posibilidades lleguen a todos los hogares. Entonces, la nostalgia de la piel quizás desaparecerá, pero de momento ahí está, y duele.

Cuando uno está enfermo, valora la salud. Cuando uno está solo, valora la compañía; cuando uno no puede pasear, valora, más que nunca, el paseo diario. La limitación siempre conlleva una lección. Nos permite redescubrir el valor de algunas cosas elementales que damos por supuestas: disponer de agua, de comida, de techo, de salud. Cuando uno se halla en un país donde estas necesidades básicas no están cubiertas y regresa a su casa después de un largo viaje, valora infinitamente todo lo que le parecía evidente.

Los profesores detectamos un déficit de expresión corporal y de dominio del lenguaje no verbal en la mayoría de nuestros alumnos. Viven adosados a sus teclados, a sus móviles y ordenadores y no se han ejercitado en la gramática del cuerpo. En tiempos de crisis, lo digital cobra relieve y observamos que ellos tienen más habilidades y capacidades telemáticas que nosotros para manejarse en este hábitat. Es lógico, son nativos digitales. Este mundo es su útero social. En él han nacido, se han desarrollado e interaccionan con sus iguales.

Cuando los despojamos del artificio tecnológico y solo quedan la piel, la palabra y el silencio, sienten temor y temblor, experimentan inseguridad, no saben cómo manejarse. Lo mismo nos ocurre a los adultos cuando nos abandonan solos frente al mundo digital y tenemos que manejarnos en él y desarrollar aplicaciones nuevas. Salir a la zona de riesgo siempre incomoda, pero es el único modo de crecer.

Cuando el imperativo de la distancia social pase a mejor vida, vamos a gozar más intensamente de la liturgia de la piel y del valor que tienen los pequeños gestos cotidianos, como el beso, el abrazo, la encajada de manos y la caricia.

Somos seres táctiles y necesitamos la piel para expresarnos y comunicar lo que sentimos. No podemos olvidar nuestra condición de mamíferos. La crisis nos permite poner valor en eso, lo que es una gran lección. Quizás después de esta los gestos maquinales que repetimos al saludarnos y al despedirnos adquieran pleno significado y sean vividos con la intensidad de quien sabe que son un regalo muy frágil que debemos conservar.

5.
Consolarse cuando todo cruje

Las crisis exigen entrenarse en el arte de la consolación. Durante esta crisis pandémica global, muchos ciudadanos han perdido a sus seres amados, otros han sufrido terribles pérdidas económicas, sociales y laborales. Poco o mucho, todos hemos perdido, y toda pérdida exige la elaboración de un duelo.

El duelo, que no es un proceso automático ni mecánico y que en cada persona tiene su tempo, se va a vivir con gran intensidad en este tiempo poscoronavirus. Será necesario celebrar ceremonias familiares, institucionales, funerales de Estado, duelos en la intimidad y rituales en recuerdo de los seres amados.

Tendremos que aprender a consolarnos a nosotros mismos sin caer en el victimismo ni recrearnos en nuestra desgracia, pero también deberemos consolar a nuestros seres queridos, a nuestros colegas del trabajo y vecinos que han visto cómo este tsunami global se ha llevado por delante todo lo que amaban. Todo el mundo tiene que contar algo, necesita narrar lo que ha sufrido, lo que le ha sido usurpado contra su voluntad.

No es fácil ejercitarse en el arte de la consolación. No sirven las bellas y solemnes palabras, tampoco relativizar el mal sufrido. Compararlo con el mal superior que otro ha sufrido no libera del mal que uno está sufriendo. Cuando uno está hundido en la desesperación, no está para auscultar sermones ni para largas peroratas.

Albert Camus lo narra con sutileza en *La peste*.[17] El padre Paneloux, jesuita, trata de consolar a las gentes de la ciudad de Orán con sus homilías. Sube al púlpito y desde ahí entona grandes reflexiones morales sobre la voluntad de Dios, sobre el pecado y la necesidad de conversión, pero, a pesar de su buena voluntad, que se le supone, no consigue consolar a sus feligreses, y mucho menos al doctor Rieux, que acaba maldiciendo un mundo donde el inocente sufre.

Y, sin embargo, todo ser humano, aunque no lo reconozca explícitamente, aunque se cierre en banda, necesita ser consolado cuando todo cruje en su vida, cuando todo lo que para él era valioso se ha volatilizado. **La necesidad de consolación es propia de un ser vulnerable y consciente como la persona humana**, pero saber ofrecer esta consolación de un modo efectivo requiere de unas habilidades que raramente desarrollamos. No estamos acostumbrados a ello. No nos lo ha enseñado nadie. Cuando alguien empieza a contar sus dolencias, fácilmente se responde de un modo reactivo, contando las propias, con lo cual no solo no se consuela al otro, sino que, además, se lo aturde.

17. Albert CAMUS, *La peste*, Madrid: Alianza, 1981.

Nos da vergüenza tener que solicitar consolación. En una sociedad presidida por el arquetipo del hombre duro, triunfador y totipotencial, capaz de superar por sí mismo todos los retos que se proponga, solicitar consolación a alguien violenta porque, de un modo explícito, significa reconocer que uno no es autosuficiente y que necesita de los demás para seguir adelante.

Las familias que han perdido a sus seres queridos necesitan ser consoladas, pero también los profesionales de la salud, que han aguantado el tipo en primera línea de batalla. Están rotos por dentro y necesitan recomponer emocionalmente su ser. Reconocer esta necesidad no los hace, en ningún caso, débiles. Los hace humanos.

Algunos hallan la consolación en la música, otros, en la filosofía. El arte, como mostró Friedrich Nietzsche (1844-1900) y, antes que él, Arthur Schopenhauer (1788-1860), tiene un efecto terapéutico y liberador. La belleza eleva el alma hasta el séptimo cielo de Dante (1265-1321) y la pone en contacto con lo sublime. Como narra Boecio (480-524), el último filósofo romano, la Filosofía, personificada en una bella dama, acabó consolando al presidiario. También la música, la escritura y la pintura desempeñan un rol curativo a través de lo que se ha denominado arteterapia.

Otros encuentran un remanso de paz en la meditación zen o en prácticas espirituales tan tradicionales como la oración cristiana, la plegaria de los fieles y el abandono en el misterio de Dios. De hecho, durante las crisis estructurales, el sentimiento religioso brota con fuerza, pues la experiencia de la precariedad personal y colectiva activa el sentimiento de vértigo. Cuando uno vive el desamparo, siente, con más necesidad que nunca, la nostalgia de un padre. Hasta aquí el análisis de Sigmund Freud (1856-1939) no puede ningunearse.[18] Cuanto el mundo se agrieta, se derrumban todos los ídolos, se volatiliza el politeísmo espumoso de la vida posmoderna y uno necesita, más que nunca, una tierra firme donde posarse, un fundamento donde sustentarse. Después del ataque a las Torres Gemelas, las iglesias norteamericanas se llenaron de antiguos y nuevos feligreses. La oración del papa Francisco *urbi et orbi* de la pasada Semana Santa fue la más seguida por la red de los últimos tiempos.

Consolarse no es fácil y consolar a alguien que sufre la tragedia en sus carnes todavía menos. A veces, con buena intención, se comunican mensajes que generan el efecto contrario. Encienden la indignación y la rabia. Si no es posible articular palabras que curen, es mejor guardar silencio.

Lo que no se puede *decir* (*sagen*) se puede *mostrar* (*zeigen*). La distinción de Ludwig Wittgenstein (1889-1951) tiene su interés para la cuestión que estamos tratando aquí.

Vivimos estados de ánimos que no podemos formular verbalmente. Son tan extremos que no existen verbos para contenerlos. Simplemente no hay palabras. Cuando el dolor es muy intenso, no fluye la cadena verbal, pero, cuando la euforia explota con su máxima intensidad, tampoco. Existe una asimetría entre la capacidad que tenemos de verbalizar

---

18. Sigmund FREUD, *El malestar en la cultura*, Madrid: Alianza, 1985.

y la gravedad de las experiencias vitales que podemos padecer o gozar.

Cuando algo no se puede decir, se debe guardar silencio, pero este silencio es, ya de por sí, expresivo. El imperativo wittgensteiniano cobra mucha relevancia en el arte de la consolación. La séptima y última proposición del *Tractatus* (1921) debe cumplirse a rajatabla cuando pretendemos consolar a alguien. Lo más difícil es callarse, contenerse, evitar las palabras fáciles y, cómo no, las soluciones milagrosas. La continencia verbal, tan presente en las reglas monásticas, es un principio propedéutico en el arte de consolar. Antes de hablar, hay que callar y escuchar, y solo después es posible hilvanar alguna palabra con sentido.

Se debe callar, pero esto no significa abandonarse al mutismo. Podemos mostrar al otro lo que sentimos por él, el dolor que nos causa su desgracia, empatizar con su ser. Mostrar no es lo mismo que decir, porque exige emplear otro juego de lenguaje, el de la gestualidad.

Para consolar a alguien es imprescindible aprender a callar, a guardar silencio, pero, a su vez, a articular gestos de proximidad. El silencio no es la indiferencia, menos aún la pasividad frente al mal. Es un modo de estar y ser en el mundo. **Consolar es, ante todo, escuchar, ofrecerse a la víctima para que vacíe los dolores que anidan en su pecho.** El apenado necesita ser escuchado, verter su dolor. No le sirve un robot ni un animal, tampoco una pantalla de plasma. Necesita una persona como él, un ser de carne y huesos, como diría don Miguel de Unamuno (1864-1936).

Para consolar no hay fórmulas mágicas ni vías de consolación *de bajo coste.* Es imprescindible saber defenderse de los oportunistas de las tragedias personales y colectivas, de los buitres vestidos de ingenieros del alma que ofrecen mecanismos de consolación para consumo de ciudadanos desesperados. En la red se ofrece un gran abanico de este tipo de perfiles que acostumbran a hacer su agosto en contextos de crisis estructural. La sociedad del conocimiento debe dar respuesta a este tipo de ofertas y denunciar estas malas prácticas que instrumentalizan el dolor ajeno.

La mejor guía es buscar consolación en los seres queridos, en nuestros amigos y familiares. La amistad es, como dijo Aristóteles, una relación de mutua benevolencia. Cuando uno desea el bien de otro, se entrega al ejercicio de consolarlo. Otra cosa, muy distinta, es que tenga la destreza para conseguirlo. Cuando en el círculo afectivo no se halla esta consolación, porque no existe o, simplemente, porque nadie está por la labor, se debe transitar hacia los profesionales psi o buscar la sanación del alma en los verdaderos y escasos maestros espirituales que todavía sobreviven en nuestro mundo.

Cuando se ha perdido todo, se debe estar al lado de la víctima. Estar a su lado es lo más difícil, pero con esto no basta. Además, hay que buscar alternativas, imaginar salidas para resolver sus carencias, ponerse a trabajar con ella.

A esto se le llama compromiso, pero en tiempos líquidos todo compromiso genera temor y temblor.

6.
La humildad frente
a la catástrofe

La humildad es una virtud olvidada. Ha desaparecido del imaginario cultural posmoderno. En nuestras coordenadas sociales, se han enfatizado valores como la autonomía, la tolerancia, la solidaridad, la libertad, la privacidad, la creatividad, la diversidad y el emprendimiento, pero la humildad se ha abandonado como una antigualla en el desván de la desmemoria.

Tiene remilgos de carácter clerical que activan todo tipo de anticuerpos. Se vincula a figuras como santa Teresa de Ávila («La humildad es la verdad») o a maestros espirituales medievales como san Agustín, Tomás de Kempis o san Benito de Nursia y los doce grados de humildad de su *Regla*. Jamás se ha considerado un ideal moderno, un valor de emancipación social, cultural y político. No está en los tratados de virtudes de la modernidad, tampoco en la trilogía de la Revolución francesa ni entre los valores que inspiran las cartas magnas de los Estados nación contemporáneos. Ahí están reseñados valores tales como la igualdad, la libertad, la justicia social, la solidaridad e incluso la fraternidad en su versión laica, pero la humildad brilla por su ausencia.

Es una noción que se asocia a etapas y períodos de la historia superados. Se ubica en la esfera de lo religioso, en la cultura de la obediencia y de la sumisión medieval, y también se vincula, equivocadamente, a la humillación y al desprecio de uno mismo. Todo eso tiene connotaciones negativas en una sociedad que idolatra la filosofía de la ilimitación.

No es extraño que defender la virtud de la humildad represente un choque cultural, porque, en esencia, más allá de su contenido estrictamente religioso, evoca la idea del límite y eso es, precisamente, lo que en nuestro tiempo presente no se tolera. En una sociedad en la que no hay límites, en la que, supuestamente, uno puede conseguir todo cuanto se proponga, la idea de límite no procede. Y, sin embargo, la humildad evoca, con claridad, este contenido semántico: la limitación, el cerco que no podemos superar.

Es frustrante recordarle a uno que tiene límites, que existen muros insuperables cuando desde que ha nacido lo han persuadido, por activa y por pasiva, de que para él todo es posible, de que es una especie de *deus ex machina*. A nadie le complace que le recuerden que se equivoca, que fracasa, que envejece y muere. Es difícil de asumir y digerir. Por lo general, uno responde con ira a este tipo de revelaciones y se opone combativamente a este sermón avinagrado que frustra sus proyectos, sus expectativas de autorrealización total.

La crisis nos ha hecho más humildes. Esta es una lección que no deberíamos olvidar porque la humildad es el único modo de progresar en el conocimiento y en el saber. Los grandes científicos siempre lo han sabido. Constituye una lección moral de primer orden porque muestra que no controlamos lo que creíamos controlar. Esta revelación nos genera vértigo, pero nos sumerge en un baño de profundo realismo. Descubrimos que nos necesitamos mutuamente, que tenemos que cuidarnos y protegernos, que debemos desapegarnos de nuestros sueños de grandeza.

Hemos aprendido que, a pesar de todos nuestros titánicos esfuerzos, no hemos podido evitar la muerte de miles de seres humanos en todo el globo terráqueo. Hemos tenido que limitar nuestras libertades civiles, hemos sido obligados a cerrar persianas y tiendas, y todo eso contra nuestra voluntad. También hemos constatado que la ciencia no tiene todas las respuestas a nuestras preguntas, que progresar en la curación es un proceso largo y dificultoso que exige mucha entrega, mucha inversión y, aun así, puede no hallarse el remedio. Todo esto nos ha hecho más humildes como especie.

La humildad, más allá de los tópicos y del estigma, algo que también ocurre con la palabra *compasión*, es una fuente de sabiduría y abre nuevas posibilidades de futuro. Nos predispone a la escucha, a la deliberación racional, a la atención a los latidos de la Tierra. Nos exige más paciencia y tolerancia a los errores propios y ajenos, a buscar soluciones compartidas, lejos de la unilateralidad, a reconocer nuestra esencia.

Nos creíamos dioses, pero somos humanos.

La humildad no es el desprecio ni el desdén de la condición humana. Es tomar conciencia de lo que realmente es, pero también de sus extraordinarias capacidades de vencer dificultades.

7.
La esperanza frente
a la desesperación

Los tiempos que vivimos no son proclives a cultivar la virtud de la esperanza. Y, sin embargo, en situaciones de crisis global es más necesario que nunca resistir a la tentación del desánimo. El cuadro que se dibuja en el horizonte es dantesco para muchos ciudadanos y sus familias. El pronóstico es infausto. En el frontispicio del infierno de Dante se puede leer el imperativo: «Abandonad toda esperanza». Este sonsonete puede acabar taladrando nuestros oídos en el futuro. Es vital articular un discurso plausible, razonable y fundamentado en la esperanza.

Los argumentos apocalípticos se venden al por mayor. Es fácil hallarlos. Basta con sentarse frente a un telediario y procesar noticias negativas. Sobran razones para experimentar la moral de derrota, el hundimiento colectivo. Precisamente es en este tipo de situaciones en las que se requiere, con más vehemencia que nunca, el intangible de la esperanza como una reserva espiritual, como un depósito de energía, pues solo así se puede contrarrestar la fuerza gravitatoria del desencanto.

Para decirlo con una imagen muy bella de Simone Weil (1909-1943), **la esperanza es como la gracia, eleva hacia las alturas, permite obtener una nueva visión y perspectiva de las cosas, purifica la mirada y nos permite ganar impulso para empezar de nuevo**, mientras que la desesperación es como la gravedad, porque te aprieta hacia abajo, hacia el oscuro submundo.

La perspectiva histórica debe ayudarnos a consolidar un discurso razonable y creíble sobre la esperanza que no recurra a lugares comunes. No es la primera crisis global en la historia de la humanidad. Tampoco será la última. Cada crisis ha sido una ocasión para mostrar la potencia destructiva del ser humano, pero, a su vez, su extraordinaria capacidad edificadora.

Sigmund Freud lo expresa con claridad en *El malestar en la cultura*. En tanto que seres humanos somos capaces de desatar destrucción y muerte cuando nos dejamos impulsar colectivamente por la pulsión tanática que anida en el estrato más profundo de nuestra psique, pero, a su vez, también somos capaces, y lo hemos demostrado como especie, de construir y edificar un mundo nuevo desde las cenizas, impulsados por la fuerza de eros.[19] Frente a la tentación de la desesperanza, es imprescindible reconocer esos momentos históricos, sobre todo del siglo xx, en los que fuimos capaces de reconstruir lo que había sido devastado por nosotros mismos.

19. Sigmund FREUD, *El malestar en la cultura*, Madrid: Alianza, 1985.

La esperanza se relaciona íntimamente con tres categorías: el futuro, el bien arduo y la confianza. Partimos de un implícito: **el devenir está abierto.** Este implícito no se puede demostrar científicamente, como tampoco su contrario. Para algunos, la historia es un círculo que da vueltas, de un modo inevitable, sobre su propio eje, algo así como el eterno retorno de todas las cosas, tal como lo anuncia el profeta de Friedrich Nietzsche, Zaratustra. Nada nuevo, nada diferente; todo se repite una y otra vez y así será y ha sido infinitas veces.

Desde esta filosofía, no hay lugar para un futuro distinto. La historia es una pura fatalidad. No hay lugar para la esperanza, con lo cual solo queda una actitud: la resignación o, en el mejor de los casos, la aceptación estoica.

Existe, sin embargo, otro modo de concebir la historia en el que el futuro está abierto, no está escrito en ningún lugar y lo forjamos los seres humanos a través de nuestras decisiones personales y colectivas. Esta visión ofrece un lugar para hospedar la esperanza. Según este modelo, la historia alberga la novedad, y la novedad abre posibilidades.

La esperanza se relaciona, como ya vio nítidamente santo Tomás de Aquino (1225-1274), con el bien arduo (*bonum arduum*). Tener esperanza exige conocimiento de las dificultades que se entrevén en el futuro. No es un sentimiento naíf ni una salida voluntarista. Tampoco un bálsamo para indocumentados o necios. Exige, como condición de posibilidad, el conocimiento de que alcanzar el bien es arduo y que eso requiere entrega y dedicación para neutralizar las poderosas fuerzas del mal que se manifiestan con mil rostros.

Los líderes políticos globales no pueden edulcorar la realidad. La ciudadanía no quiere ser tratada de un modo paternalista. A los niños se les miente y se les oculta la dureza de la realidad, pero a una sociedad emancipada y empoderada se le debe presentar el cuadro clínico global con la máxima veracidad, pues es lo que exige una comunidad adulta.

La virtud de la esperanza se vincula estrechamente con la confianza en el género humano. Esta es la actitud que anida en el pecho del doctor Rieux. Cree en la capacidad de superar las dificultades, no se amedrenta, no se deja vencer por el fantasma del desánimo.

Esta confianza es imprescindible en contextos de crisis. Sin embargo, la crisis fiduciaria es monumental en nuestro mundo social, económico, político y cultural, sobre todo el escepticismo respecto al género humano.

Ha sido cultivado desde distintos flancos ideológicos. Los ecologistas radicales, los de la *deep ecology*, han definido al ser humano como el cáncer de la Tierra. Los animalistas se han recreado, y no sin razón en muchos casos, en la crueldad del ser humano con respecto a sus primos hermanos, los simios. Los transhumanistas defienden que el ser humano debe ser superado mediante el mejoramiento biotecnológico de su ser dada su incapacidad para resolver, con sus propios recursos, los grandes desafíos planetarios.

Abunda una antropología de la negatividad, una visión neohobbesiana del ser humano. El primer capítulo del *Le-*

viatán (1651) se abre camino en nuestro imaginario colectivo. No hay nada que hacer. La bestia no aprende, no puede domesticarse. Resuena una visión neocalvinista en la que el pecado original ha dejado una herida tan profunda en el ser que no hay forma de sanar. Solo es posible esperar que un ente poshumano, creado biotecnológicamente, sea capaz de extirparlo.

«Las personas —escribe Paolo Costa— pueden cambiar; no están condenadas a seguir siendo lo que son debido a una supuesta ley científica.»[20] La confianza en el cambio es fundamental en entornos de crisis global.

La crisis ecológica ha despertado una conciencia medioambiental que no existía en el imaginario colectivo. Quizás demasiado tarde, pero ahí está, abriéndose paso entre las generaciones más jóvenes. Podemos cambiar actitudes, procedimientos y estilos de vida. Sobre esta posibilidad se asienta la virtud de la esperanza. Søren Kierkegaard (1813-1855) lo clavó: **la posibilidad es la condición *sine qua non* de la esperanza.**

---

20. Marcelo ALARCÓN ÁLVAREZ (comp.), *Covid19*, Madrid: MA-Editores, 2020, p. 76.

PARTE IV
El talante con futuro

1.
El imperativo que libera

El mundo poscoronavirus exige nuevos imperativos para la colectividad, nuevos deberes globales, eso que algunos visionarios denominaron, en la década de 1990, una *ética mundial*. Tendremos que desempolvar propuestas filosóficas que quedaron atrás, como la de Hans Küng (1928), sustentada a través del diálogo interreligioso,[21] o la de Johann Baptist Metz (1928-2019), apuntalada sobre la idea de compasión.[22]

Si es verdad, como dicen los moralistas, que **nuestro mundo sufre una hipertrofia de derechos y una atrofia de deberes**, será más difícil virar hacia la conciencia de los deberes, pero resulta del todo imprescindible para afrontar con dignidad el futuro que nos aguarda.

Tendremos que discernir qué deberes tenemos que cumplir todos los seres humanos, independientemente de nuestros credos religiosos y pertenencias culturales y políticas, pues solo si se asumen de manera global será posible

---

21. Hans Küng, *Proyecto de una ética mundial*, Madrid: Trotta, 2006.
22. Johann Baptist Metz, *Por una mística de los ojos abiertos*, Barcelona: Herder, 2013.

salvarnos de un naufragio colectivo. Si solo una parte del todo arrima el hombro, no será posible mantenerse a flote porque, como se ha dicho, todo está profundamente entrelazado.

Exigir derechos es básico, defenderlos con las garras cuando estos están amenazados o, simplemente, son vulnerados es todavía más necesario en un contexto de crisis. Se están laminando derechos básicos como el de trabajar, el de tener una casa, el de la seguridad, el de la privacidad, el de la salud pública y universal o el de gozar de vacaciones pagadas, que es un derecho reconocido en la Declaración de 1948. Sin embargo, además de exigir derechos, es imprescindible asumir colectivamente deberes, y eso es más difícil, porque compromete.

Un mundo global padece problemas globales que exigen, por fuerza, una gobernanza mundial. Superar el reino de las taifas nacionales y las luchas ultranacionalistas tribales no será fácil, pero solo hay un camino posible: el de reelaborar una ética mundial y garantizar unos requisitos globalmente compartidos a partir de un gobierno mundial legitimado democráticamente. Todo esto suena lejano, pero deberemos transitar hacia ahí si deseamos subsistir como especie.

«El catastrófico flujo de los procesos globales —escribe Peter Sloterdijk— hace hoy necesario reflexionar sobre la creación de una amplia unidad de solidaridad que fuera lo suficientemente fuerte como para servir de sistema de inmunidad al todo indefenso, a ese todo desprotegido que llamamos naturaleza, tierra, atmósfera, biosfera o antroposfera.»[23]

No es posible construir este sistema inmunológico que proteja al todo indefenso sin la articulación de una ecoética global, sin asumir los deberes que tenemos como especie respecto a todos los seres de la naturaleza. Esto exigirá una ética de la autolimitación, del no poder (*non pouvoir*), como decía Jacques Ellul (1912-1994),[24] que no vendrá impuesta desde fuera, sino desde el mismo ciudadano para evitar consecuencias nocivas para él, para sus semejantes y para las generaciones venideras.

Durante la historia de la humanidad se ha dado por hecho que habría generaciones futuras y que estas iban a habitar la Tierra y vivir decentemente en ella. También se partía del supuesto que, además, vivirían mejor, que gozarían de unas condiciones de trabajo, de vivienda y de seguridad mucho más holgadas que nosotros. Esta confianza ha sido reiteradamente puesta entre paréntesis durante las últimas décadas y no faltan argumentos para sostener este escepticismo.

Muchos sociólogos consideran que las generaciones venideras tendrán menos calidad de vida que nosotros, que sufrirán mucha más precariedad laboral que nosotros y que padecerán todo tipo de turbulencias económicas y sociales fruto de la globalización de este neoliberalismo sin

23. Peter Sloterdijk, *La herencia del Dios perdido*, Madrid: Siruela, 2019, p. 236.
24. Jacques Ellul, *La edad de la técnica*, Madrid: Octaedro, 2003.

alma que se extiende hasta el último rincón de la Tierra como una nueva fe. También les tocará pagar las deudas ecológicas que nosotros hemos contraído con la madre naturaleza.

Algunos pensadores, los más apocalípticos, consideran, simplemente, que no habrá mundo para las nuevas generaciones y, por lo tanto, defienden que lo más sensato es militar en el antinatalismo, esta filosofía de vida que cada día gana adeptos en el mundo occidental posmoderno. La *single life* se presenta como el arquetipo de vida liberada, sin compromisos ni ataduras, sin la carga que representa engendrar a un ser humano, más respetuosa con la naturaleza y saludable. Sin embargo, lo que oculta, en sus entrañas, es la moral de derrota, el resentimiento contra la vida y un neomalthusianismo latente que resucita en cada crisis estructural.

Frente a este tipo de interpretaciones de presente y de futuro, se impone la necesidad de resucitar la ética del deber de trasfondo kantiano, pero situada en un contexto de crisis global y con una perspectiva futurista. No cabe duda de que la tarea que se plantea es difícil, pues en tiempos líquidos la idea del imperativo categórico, de carácter universal y formal, suscita, para decirlo con Søren Kierkegaard, temor y temblor.

No son buenos tiempos para la lírica, pero tampoco para la ética deontológica. Hans Jonas lo intentó en *El principio de responsabilidad* (1979)[25] y después de él tomó la antorcha

---

25. Hans JONAS, *El principio de responsabilidad*, Barcelona: Herder, 1995.

Peter Sloterdijk. Su imperativo, para estos tiempos poscoronavirus, suena así: «Obra de tal modo —dice el filósofo alemán— que por las consecuencias de tu acción se fomente, o al menos no se impida, el surgimiento de un sistema global de solidaridad. Obra de tal modo que la praxis usual hasta ahora del saqueo y de la externalización pueda ser sustituida por un *ethos* de protección global. Obra de tal modo que por las consecuencias de tus acciones no surjan más pérdidas de tiempo en el cambio inexcusable en interés de todos».[26]

El autor de la *Crítica de la razón cínica* (1983) propone tres formulaciones del mismo imperativo. **Para edificar este *ethos* global es fundamental que cada uno de nosotros, en un examen de conciencia, analice cómo actúa, qué decisiones toma y al servicio de quiénes pone su talento.** Debe preguntarse si, con su obrar, cataliza, por un lado, este sistema global de solidaridad o, por otro, contribuye a cronificar el saqueo y la destrucción de nuestra casa común.

26. Peter SLOTERDIJK, *La herencia del Dios perdido*, Madrid: Siruela, 2019, p. 236.

2.
La conciencia planetaria

Las mentes más lúcidas lo han dicho de múltiples maneras, pero la tesis es clara: **debemos transitar de la conciencia tribal a la planetaria.** Este cambio de mentalidad es indispensable para inaugurar una nueva etapa en la historia de la humanidad. Sin embargo, esta transición ideológica representa un cambio muy brusco para el que no estamos, ni de lejos, preparados, pues todavía pesa mucho la conciencia de la tribu, la preocupación por el clan, por la comunidad de los semejantes.

En contextos de crisis global, es fácil que se produzca una deriva ultrapatriótica, que emerjan líderes tribales arropados por la simbología del clan que ensalcen la necesidad de defender los propios de los extraños. Esta forma de egoísmo comunitario es un campo de abono ideal para legitimar formas de xenofobia, discriminaciones étnicas y ganarse, de este modo, el apoyo de las mayorías asustadas.

«Todos —escribe Slavoj Žižek— estamos en el mismo bote. Es difícil pasar por alto la suprema ironía del hecho de que lo que nos unió a todos y nos empujó a la solidaridad global se expresa en la vida cotidiana en órdenes estrictas para evitar contactos cercanos con los demás, incluso para aislarse.»[27]

La idea del bote compartido es muy ilustrativa. Si se hunde, se hunde para todos. Es verdad que algunos ocupan un lugar más confortable en él, que han pagado un billete más caro, pero da igual, si se hunde, se hunde para todos. Transitar de la conciencia tribal a la planetaria significa dejar de pensar únicamente en el propio camarote para empezar a pensar en el transatlántico. Este desplazamiento en el orden del pensar solo es posible si uno asume su condición de ciudadano global, de inquilino de la casa común llamada *Tierra*.

El pensador israelí Yuval Noah Harari (1976) enfatiza esa idea en su artículo «The world after coronavirus» («El mundo después del coronavirus») publicado en el *Financial Times* en plena crisis pandémica.[28] Apunta que, dado el carácter global de la economía y de las cadenas de aprovisionamiento, si cada gobierno actúa unilateralmente e ignora a los demás, el resultado será el caos y una crisis económica más profunda. Por eso, dice, se necesita un plan global. La pregunta es quién puede liderar este plan mundial o, dicho de otro modo, quién tiene legitimidad para imponer deberes a las demás tribus nacionales, culturales y políticas.

27. Marcelo ALARCÓN ÁLVAREZ (comp.), *Covid19*, Madrid: MA-Editores, 2020, p. 69.
28. Yuval Noah HARARI, «The world after coronavirus», *Financial Times*, 20 de marzo de 2020.

El autor del *Homo Deus* defiende que, así como la pandemia y la crisis económica resultante son problemas globales, solo pueden ser resueltos mediante la cooperación global. En este sentido, justifica que es necesario compartir la información y también el conocimiento científico de los expertos en salud de orden mundial para ponerlo a disposición de toda la humanidad.

La crisis pandémica que hemos sufrido ha hecho latir esta conciencia planetaria, ha catalizado, con timidez, la transición del pensamiento tribal al global. Como ejemplo de esta cooperación mundial, Yuval Noah Harari se refiere a la distribución, basada en la información sobre las diferentes situaciones de los países, pero también de equipamiento médico e incluso de médicos. Todo esto ha sido posible gracias a un acuerdo global sobre el movimiento de pasajeros para permitir el desplazamiento de trabajadores esenciales mediante un sistema de monitoreo.

El desarrollo de la conciencia planetaria no debe poner en riesgo la lógica vinculación que cada uno experimenta con sus allegados, con quienes comparte lengua, cultura y tradiciones. No se debe plantear como una disyuntiva excluyente: o provincianismo o cosmopolitismo. La estima por lo propio no debe conducir, en ningún caso, a la exclusión del otro. Aun así, la tragedia de los que están muy lejos no se percibe del mismo modo cuando esta toca las puertas de nuestra casa. Este modo de obrar debe ser superado, pues, traduciendo mal a Protágoras (481 a. C.-411 a. C.), se puede decir que, en un contexto de crisis estructural, nada de lo que ocurre en la aldea global nos puede ser ajeno.

Quien asume la conciencia global no renuncia a sus raíces, no reniega de sus orígenes ni se avergüenza de las costumbres atávicas de sus cofrades, pero trasciende este magma de diferencias y particularidades y se siente parte de una gran nave que cruza por un gran océano.

3.
La privacidad amenazada

En el futuro que se vislumbra existe el riesgo evidente de una deriva hacia la permanente monitorización de la vida de los ciudadanos. Se dan todas las condiciones para ello.

Por un lado, un miedo aterrador que preside la atmósfera social. Cuando el miedo está ahí, los ciudadanos toleran que se los vigile, pero, sobre todo, a quienes son supuestamente patógenos para el cuerpo social. Por otro, se disponen de todo tipo de artilugios tecnológicos sofisticados para rastrear los movimientos, las operaciones y las acciones de los ciudadanos tanto en el ámbito privado, sus hogares, como en los espacios públicos.

Estamos preparados para dar el salto cualitativo hacia la sociedad de la vigilancia porque hemos regalado todos nuestros datos a quienes desconocemos y pueden hacer uso de ellos en cualquier momento. De hecho, ya lo están haciendo para vendernos productos de todo tipo.

El deber de salvaguardar la salud pública puede poner en entredicho no solo libertades civiles tan básicas como la libre circulación, sino el derecho, también fundamental,

a la intimidad. En contextos de miedo global, el derecho a la seguridad prevalece sobre el de la libertad de movimientos y la privacidad.

Se puede formular mediante los principios de la bioética fundamental: el principio de no maleficencia es superior al de confidencialidad. Si para evitar un mal debo transgredir una revelación confidencial que el paciente me ha susurrado al oído, es justo que lo haga para salvaguardar la integridad física de otros pacientes. El deber de guardar silencio, que ya está explicitado en la ética hipocrática, se supedita al deber de evitar un mal. *Primum non nocere.*

Esta lógica todavía se hace más explícita cuando el mal tiene una dimensión colectiva: la crisis ecológica, una pandemia o, por ejemplo, una amenaza terrorista. Entonces, los gobiernos se ven legitimados a hurgar en la vida de los ciudadanos y a verificar, a cada momento, adónde van, qué compran, con quiénes han estado y de qué manera se distraen en la red.

Una de las ideas clave del artículo de Yuval Noah Harari citado más arriba es que, en la actualidad, los gobiernos y las corporaciones tienen a su disposición herramientas antes impensadas para ello. «Si no somos cuidadosos, la epidemia puede marcar un hito en la historia de la vigilancia —advierte—, no tanto porque podría normalizar el despliegue de herramientas de vigilancia masiva en países que hasta ahora las han rechazado, sino más bien porque representa una dramática transición de vigilancia "sobre la piel" a vigilancia "bajo la piel".»

El autor de *Sapiens* cuenta que las actuales técnicas de vigilancia permiten a los gobiernos apoyarse en sensores ubicuos y en algoritmos en vez de en espías humanos y que en la batalla contra el coronavirus se han desplegado nuevas herramientas. El ejemplo de lo que ocurrió en China durante la crisis del coronavirus es ilustrativo. Mediante el monitoreo de los *smartphones* y el uso de millones de cámaras de reconocimiento facial se obligó a los chinos a chequear y reportar su temperatura corporal y sus condiciones médicas, a través de lo cual se logró detectar no solo a los portadores del virus, sino también trazar sus movimientos e identificar a todos con quienes habían estado en contacto.

La humanidad se enfrenta a una crisis global de grandes dimensiones. Las decisiones que se van a tomar van a moldear nuestras vidas durante varios años. Según Yuval Noah Harari, existe el riesgo de que la adopción de medios de vigilancia biométrica masiva trascienda la emergencia y habilite a que gobiernos y corporaciones controlen nuestras vidas.

Ahí está el verdadero peligro. Pensar que esta monitorización de la vida de los ciudadanos solo va a tener lugar por un breve período de tiempo y siempre justificado por razones de salud pública es un tanto ingenuo. **La tentación de controlar más la vida de los ciudadanos siempre está al acecho. Frente a ello, es imprescindible crear conciencia, empoderar a la ciudadanía y defender con ahínco el derecho a la intimidad frente a cualquier tentación de colonizarla permanentemente.**

4.
La solidaridad
más allá de los focos

Solidaridad es una palabra gastada, manoseada por todo tipo de colectivos. Se ha utilizado en abundancia durante la crisis pandémica y todavía se va a emplear más prolijamente en el futuro. Existe una solidaridad visible que los focos captan y retratan en las pantallas, pero existe otra invisible que opera en muchos entornos y que no trasciende en los medios de comunicación sociales.

El espíritu de cooperación se ha puesto de manifiesto de un modo especial durante el tiempo de confinamiento. Todos hemos visto cómo, durante la crisis pandémica, se han multiplicado los ejemplos de la solidaridad y su visibilidad es siempre una fuente de esperanza que genera autoestima como género humano.

Lo sabemos. **Somos capaces de ayudarnos, de domesticar el gen egoísta**, las inclinaciones egocéntricas que nos atenazan, y de pensar en los demás, en sus necesidades y urgencias, y no solo de eso, sino también de arrimar el hombro y ponernos a su lado.

La solidaridad como espectáculo televisivo para uso y consumo de masas aburridas ha dado pie a una solidaridad intrafamiliar, vecinal, entre colectivos y profesionales muy alejados. De hecho, ya existía, pero se ha revitalizado. Y todo eso nos ha permitido superar dificultades y vencer todo tipo de resistencias. Nos ha hechos más fuertes, aunque no invulnerables.

Se ha purificado la práctica de la solidaridad. Hemos entendido que no consiste tan solo en aportar un euro estimulados por la imagen de una víctima de guerra, sino que exige un compromiso a fondo y a largo plazo. Esta lección no se puede olvidar.

No es irrelevante la aportación económica. Todo lo contrario. Es indispensable y lo seguirá siendo, todavía más, en el futuro. Debemos donar más recursos a los que más gravemente viven las consecuencias de la pandemia, pero, además de eso, es imprescindible arrimar el hombro y actuar voluntariamente. **La solidaridad auténtica se demuestra a través de la fidelidad en el tiempo y exige sentido de pertenencia a la humanidad.** Solo así se supera la visión dicotómica, la dualidad entre *ellos* y *nosotros*.

Escribe el filósofo Slavoj Žižek, un pensador poco dado a discursos esperanzados: «Quizás otro virus ideológico, y mucho más beneficioso, se propagará y con suerte nos infectará: el virus de pensar en una sociedad alternativa, una sociedad más allá del Estado nación, una sociedad que se actualiza a sí misma en las formas de solidaridad y cooperación global».[29]

---

29. Marcelo ALARCÓN ÁLVAREZ (comp.), *Covid19*, Madrid: MA-Editores, 2020, p. 67.

Ojalá sea así. Cabe la posibilidad de que se abra esta oportunidad, la de una política fundada en la solidaridad, la de una cooperación que realmente vaya más allá de los intereses grupales. Debemos potenciarla. No va a llegar por casualidad ni se va a forjar por generación espontánea.

«Tal amenaza global —dice el filósofo— da lugar a la solidaridad global, nuestras pequeñas diferencias se vuelven insignificantes, todos trabajamos juntos para encontrar una solución, y aquí estamos hoy, en la vida real.»[30] El problema es el día después. Cuando la amenaza desaparezca, cuando la nueva *normalidad* advenga, que no sabemos cómo será, pero, cuando al fin se imponga, **¿seremos capaces de dar longevidad a esta solidaridad que hemos cultivado o quedará en el baúl de los recuerdos?**

La crisis nos ha abierto los ojos, nos ha hecho más lúcidos. Hemos sido capaces de percatarnos de que nuestras diferencias son insignificantes, de que **lo que nos une es mucho más fuerte y resistente que lo que nos separa.**

Sin embargo, Byung-Chul Han no lo ve así. «El virus —escribe el filósofo coreano— no vencerá al capitalismo. La revolución viral no llegará a producirse. Ningún virus es capaz de hacer la revolución. El virus nos aísla e individualiza. No genera ningún sentimiento colectivo fuerte. De algún modo, cada uno se preocupa solo de su propia supervivencia. La solidaridad consistente en guardar distancias mutuas no es una solidaridad que permita soñar con una sociedad

30. *Ibidem*, p. 69.

distinta, más pacífica, más justa. No podemos dejar la revolución en manos del virus. Confiemos en que tras el virus venga una revolución humana.»[31]

Lo que hemos visto en nuestra sociedad se aleja mucho de este diagnóstico. La crisis ha fortalecido nuestros vínculos de solidaridad y de ayuda mutua. Se han revitalizado estos valores. Es verdad, como dice el autor de *La sociedad del cansancio*, que el virus nos ha encerrado en casa y nos ha separado físicamente, pero, algo paradójico, nos ha unido más que nunca emocionalmente, nos ha convocado todos los días a las ocho para aplaudir a los verdaderos héroes y hemos cooperado con nuestros conciudadanos para paliar los estropicios generados por este virus.

La solidaridad auténtica se construye sobre el sentimiento de igualdad. Sin negar las diferencias propias de cada grupo humano, el ciudadano solidario es capaz de intuir lo que lo une a todos los demás miembros del género humano, la idéntica vulnerabilidad del ser.

A los pudientes esto les resulta más difícil de captar *a priori*, porque creen que habitan en un mundo paralelo, en una burbuja ajena a las crisis de la historia. Sin embargo, cuando todo se desmorona y la muerte llama, finalmente, a sus puertas, también se derrumba esta conjetura y, con ella, la frontera invisible que los separa de los otros.

31. *Ibidem*, pp. 89-90.

5.
Confianza versus escepticismo

Cuando la confianza ha sido devastada, no es fácil hallar los modos de reconstruirla. En los últimos lustros se ha escrito en abundancia sobre la crisis de confianza que padece nuestra civilización.[32]

Hemos dejado de confiar en los políticos, en los jueces, en los periodistas, en los intelectuales y en los banqueros. Cuando la desconfianza se extiende y coloniza todos los espacios, se quiebra la sociedad y, como consecuencia de ello, cada ciudadano se repliega en su propio cobijo y practica una sospecha sistemática de todos los agentes que lo rodean.

Las crisis dinamitan la confianza social y política. Creíamos que el mundo era un lugar seguro y hemos constatado que no. Creíamos que la ciencia podría liberarnos de todos los males y hemos experimentado que no es así. Pensábamos que mediante el diálogo civilizado podríamos resolver nuestros conflictos nacionales e internacionales, pero

32. Francis FUKUYAMA, *Trust: la confianza*, Barcelona: Ediciones B, 1998, y Niklas LUHMANN, *Confianza*, Barcelona: Anthropos, 2005.

observamos que esto no siempre es así. Creíamos que progresábamos moralmente y, no obstante, observamos violencias y vejaciones a los colectivos más vulnerables que ponen en tela de juicio este supuesto progreso moral de la humanidad. Muchas creencias que estaban ahí, de manera implícita, han sido socavadas.

Cuando la confianza se pierde, el escepticismo lo invade todo. Existe una correlación entre lo que se cree y lo que se hace, entre las creencias que uno manifiesta y la acción que desempeña. **Cuando uno cree que algo es posible, se pone en acción,** se mete en el barrizal para cambiar las cosas, pero, si uno no cree que sea posible, no actúa, se queda paralizado.

El acto de creer está muy vinculado al obrar, pero el creer debe tener algún tipo de fundamento, de base racional, pues, de otro modo, puede derivar en frustración. Por eso es esencial distinguir la creencia de la credulidad. La confianza no es la fe ciega, no es un cheque en blanco que entregamos a alguien. Exige unos mínimos criterios.

La credulidad, en cambio, es justo lo contrario, la fe sin fundamento, sin argumentos. El niño cree que su padre lo sabe todo, que no puede pasarle nada malo, que es el más fuerte del vecindario y el más inteligente de todos. Luego, a medida que crece, se da cuenta de su error y empieza a detectar las fragilidades de su padre. A esto se le llama *madurar.*

La crisis ha socavado nuestra credulidad, y eso es catártico, pero no tiene por qué llevarse por delante todo lo que creíamos, todo en lo que confiábamos.

¿Qué podemos creer en este tiempo poscoronavirus? ¿A quién debemos obedecer? ¿Qué puede salvarnos de la caída en el escepticismo?

La confianza exige unos mínimos requisitos. Depende de la competencia. Solo el profesional competente es digno de confianza. La incompetencia genera escepticismo, y en esta crisis pandémica ha habido mucha, y no solo del estamento político. **La confianza está también vinculada a la coherencia.** Solo el líder coherente es digno de confianza por parte de la ciudadanía. Esta se sustenta en la ejemplaridad. Se gana con el tiempo, con la repetición. Cuando uno es reiteradamente puntual, es lógico confiar en que lo seguirá siendo en el futuro. Aun así, puede fallar, pero el recorrido trazado cuenta para fundamentar el contrato fiduciario.

La crisis ha puesto en la picota algunas credulidades muy extendidas en el panorama posmoderno. Las creencias laicas que sustituían a la fe religiosa han sido puestas entre paréntesis. Se han licuado o, mejor dicho todavía, se han volatilizado. Nos hemos quedado con las manos vacías. Algunos, en esta situación abismal, rehacen su fe religiosa, regresan a la casa del padre, mientras que otros se hunden en el escepticismo o se agarran a nuevas credulidades.

En contextos de desencanto y moral de derrota, debemos afianzar más que nunca la confianza en el ser humano, no a título individual, sino en sentido colectivo. Esta creencia no distingue credos, está tanto en el humanismo ateo de

Vivir en lo esencial

Jean-Paul Sartre (1905-1980)[33] como en el humanismo integral de su coetáneo Jacques Maritain (1882-1973).[34] Lo manifiesta Byung-Chul Han de un modo muy enfático: «Somos NOSOTROS, PERSONAS dotadas de RAZÓN, quienes tenemos que repensar y restringir radicalmente el capitalismo destructivo, y también nuestra ilimitada y destructiva movilidad, para salvarnos a nosotros, para salvar el clima y nuestro bello planeta».[35]

33. Jean- Paul SARTRE, *El existencialismo es un humanismo*, Barcelona: Edhasa, 2007.
34. Jacques MARITAIN, *El humanismo integral*, Madrid: Palabra, 1999.
35. Marcelo ALARCÓN ÁLVAREZ (comp.), *Covid19*, Madrid: MA-Editores, 2020, p. 90. Las mayúsculas son de Byung-Chul Han.

6.
La grandeza
de las libertades civiles

Las crisis son útiles para realzar algunas de nuestras libertades civiles. El hecho de estar privados de estas nos permite valorar todavía más el abanico de libertades que caracteriza a nuestras sociedades democráticas. A veces, **la carencia es el único modo de percatarse del valor de algo.**

Los alumnos que tengo en la universidad han nacido y crecido en un contexto democrático, de libertad de movimientos, de asociación, de creencias y, cómo no, de voto. Dan por sentado este hecho y lo consideran algo normal. Sin embargo, sus abuelos no pudieron votar hasta entrada la madurez porque pasaron gran parte de sus vidas bajo la tutela de una dictadura militar. Es lógico que sus abuelos valoren mucho más que ellos el derecho a voto y que tiendan a ejercerlo siempre que sean convocados electoralmente. Mis alumnos, en cambio, sucumben con facilidad al escepticismo y una gran parte de ellos no participa en los comicios, pues sienten que no sirve de nada.

Las libertades que vivimos no nos han sido regaladas.

Son el fruto de una conquista histórica. Tampoco se mantienen por azar. Es fundamental la lucha para adquirirlas, pero luego hay que batallar, día a día, para mantenerlas en el tiempo.

Durante el confinamiento hemos visto cómo las autoridades prohibían la libertad de circulación. Esto de desplazarse libremente de un lugar a otro, de ir y venir, de entrar y salir sin tener que pedir permiso, es algo que teníamos muy integrado en nuestra forma de vida y que no pensábamos que pudiera ser prohibido. Es probable que en las próximas décadas asistamos a la prohibición de otras libertades que ahora nos parecen evidentes.

La privación de esta libertad, en cambio, no es extraña para muchos seres humanos que, por razones políticas, militares, económicas o de otro tipo, no pueden salir de su país, no pueden desplazarse con libertad por él y, menos aún, entrar en los países del denominado *primer mundo*. Lo observamos a diario en el telediario. Para estos seres humanos, la privación de esta libertad no constituye ninguna novedad, porque esta es, lamentablemente, su forma de vida habitual.

En el mundo poscoronavirus no solo está amenazada la privacidad, también lo están las libertades. El miedo blinda los movimientos, pero también encorseta el régimen de libertades. **El ciudadano medio está dispuesto a restringir sus libertades a cambio de seguridad, a cambio de salud.**

En contextos de escasez de recursos para la sanidad pública, es fácil sucumbir a la tentación de vigilar a los ciudadanos y de comprobar qué estilo de vida tienen y cómo cumplen las prescripciones facultativas. **La tecnología digital permite rastrear las vidas de los ciudadanos** y comprobar sus hábitos de consumo, el ejercicio que hacen o no a diario y también si toman o no los fármacos que les han prescrito. Algunos filósofos ultraliberales norteamericanos defensores del estado mínimo sostienen que en situaciones de escasez de recursos públicos solo los pacientes que hayan demostrado hábitos de vida saludables y hayan cumplido con las prescripciones facultativas tendrán derecho a disfrutar de los recursos que todos financiamos.

Esta jerarquización choca de frente con el respeto a la libertad, pero cuando todo escasea es fácil que este criterio se llegue a imponer, cuando menos en países donde el estado del bienestar es muy precario y las coberturas que ofrece son muy pocas. Muchos ciudadanos consideran que es injusto que el ciudadano que ha obrado deliberadamente contra su salud merezca gozar de los mismos recursos públicos que otro que ha obedecido fielmente al doctor y ha tomado los fármacos prescritos.

El debate está servido y va a adquirir más peso en el futuro. Frente a esto, **es esencial recordar que la libertad constituye un derecho básico, que es el pilar de las sociedades abiertas,** como decía Karl Popper (1902-1994), pero esta jamás debe ser utilizada como excusa para sucumbir a un libertinaje arbitrario, a una praxis irresponsable, pues eso tiene consecuencias negativas no solo para uno mismo, sino también para los demás porque, como se ha dicho, vivimos en un marco de interdependencia.

El futuro de estas libertades civiles no está para nada garantizado en el mundo, pero solo pueden ser reforzadas si, paradójicamente, se limitan con la responsabilidad individual.

7.
De la esfera privada
a la pública

Durante la tarde del Viernes Santo, en plena pandemia, *Le Monde* publicó un manifiesto de un grupo de escritoras y profesoras universitarias que merece la pena no olvidar.[36]

En él decían: «Desde nuestras casas, donde estamos confinadas, desde estas casas que han sido durante siglos nuestros espacios de vida y de cuidados, desde estas casas a las que regresamos después del trabajo para ocuparnos de nuestras familias, desde estas casas, escribimos a los gobiernos y gobernantes de Europa.

Nosotras no pedimos, nosotras exigimos, frente a esta tragedia de la pandemia COVID-19 que nos conmueve a todos, que caigan los egoísmos nacionales, que Europa se muestre unida, solidaria y responsable. Las mujeres siempre han

36. «Tribune», *Le Monde*, 10 de abril de 2020. Fue firmado por Ursula Apitzsch, Bojana Bratic, Cristina Comencini, Marcella Diemoz, Dubravka Duric, Annie Ernaux, Elena Ferrante, Ute Gerhard, Lena Inowlocki, Julia Kristeva, Dacia Maraini, Gertrude Moser-Wagner, Laura Pugno y Annalisa Rosselli.

mostrado una gran fuerza para reaccionar y mantener unidas a sus familias, alimentarlas y cuidarlas. Lo demostraron durante la última guerra mundial, lo demuestran hoy, con los hombres, afrontando esta pandemia, donde están comprometidas masivamente en las actividades actualmente autorizadas». Y añaden: «Contrariamente a la posguerra, ahora las mujeres están ahí. Estamos en paridad, queremos que la reconstrucción se haga según las exigencias y los valores intrínsecos inscritos en nuestra historia, en nuestras experiencias largo tiempo ignoradas. La epidemia ha puesto en el centro de nuestras vidas los cuerpos de las personas, la familia, las relaciones, la soledad, la salud, la relación entre las generaciones, entre la economía y lo humano. Si Europa es capaz de ganar este combate, será porque los valores que estaban atribuidos especialmente a la esfera "privada" se convierten, durante estos días, en valores públicos».

Y concluyen: «Europa tiene que refundarse sobre estos valores, sobre la fuerza y la competencia de las mujeres, tiene que dar vida a un gran proyecto común que tenga en cuenta estas prioridades. En sus casas, las mujeres, separadas unas de otras, están unidas en esta voluntad común».

Me parece especialmente interesante subrayar tres ideas de este manifiesto: la crítica a los egoísmos nacionales, la necesidad de recuperar los cimientos morales que están en el fundamento de Europa y la relevancia que tienen los valores de la esfera privada para superar esta crisis global.

Como dice el manifiesto, estos valores se han vinculado históricamente a la vida del hogar y, en particular, a la condición femenina. Tradicionalmente, las mujeres han desarrollado este rol y todavía lo siguen desarrollando en muchos entornos culturales. También en Europa, la cuidadora principal del entorno familiar sigue siendo, por lo general, una mujer. El cuidado de todos los miembros de la familia, sobre todo de los más vulnerables, ha sido una labor el protagonismo de la cual ha recaído sobre la condición femenina.

Durante la crisis pandémica estos valores de la esfera privada han ocupado el centro de la vida pública: el cuidado de los cuerpos, la fragilidad, la escucha, la relación intergeneracional, la atención a los más vulnerables, la preocupación por su salud, la empatía y la cooperación. Todo este orden axiológico ha ocupado el centro de la actualidad por unos meses.

Un ejército de héroes y heroínas, sobre todo de mujeres, ha estado en primera línea de batalla en las residencias, en los geriátricos, en los hospitales y en las grandes ciudades sanitarias practicando este tipo de valores que, por lo general, se han cultivado en la trastienda, a puerta a cerrada, en el espacio íntimo del hogar.

La crisis nos ha permitido reconocer a las verdaderas heroínas de la historia. En general, el héroe es un ser humano que sacrifica su vida por la colectividad y, como reconocimiento de esta entrega, es venerado por las generaciones posteriores y recordado como un ejemplo que seguir. En las plazas y avenidas de todas las ciudades del mundo se honra la memoria de sus héroes.

Esta pandemia nos ha permitido reconocer a otro ejército de heroínas y de héroes que se ha sacrificado para salvar vidas, para cuidar a los más vulnerables en circunstancias excepcionales. No hablamos de un héroe en particular, sino de una comunidad de personas que, con su esfuerzo, ha minimizado los efectos de esta catástrofe global.

Estas heroínas y estos héroes deben ser reconocidos en el futuro y debemos aprender de sus valores y reconocerlos para que tengan el lugar que se merecen en el espacio público.

PARTE V
Siete cartas para el día después

1.
A las madres

Queridas madres:

Os escribo esta carta con afecto y estima. Me dirijo, sobre todo, a las madres primerizas, a las que os habéis estrenado en el difícil arte de la maternidad durante esta crisis global.

No estaba en vuestra agenda ni en vuestra planificación nada de lo ocurrido. Sabíais cuándo debía nacer vuestro hijo, pero no en qué contexto histórico lo haría. Nadie se imaginó que deberíais acoger a esta nueva vida en un marco sacudido por este seísmo global, en un escenario martilleado por una crisis mundial que azota a todos los colectivos y esferas de la sociedad.

Lo que estamos viviendo colectivamente no es una pequeña discontinuidad en el tiempo, una leve alteración en el decurso de la historia universal. Es un acontecimiento, un momento de tal densidad que abre una zanja entre el pasado y cualquier futuro. **Nada será como fue.** También nosotros deberemos cambiar como ciudadanos, y eso abre un resquicio de esperanza para vuestros hijos. Si aprendemos la lección, puede emerger un futuro distinto, pero solo si somos capaces de digerirlo mental y emocionalmente.

El miedo nos invade y, cuando esto sucede, uno tiende a paralizarse, a cerrar puertas y a quedarse tal como está. La maternidad es el más exigente de los compromisos, pues, cuando una persona adquiere la condición de madre, jamás deja de serlo. A partir de ese momento, todo cambia en su ser, no solo su corporeidad, también su tejido emocional, su modo de pensar, de sentir, su vida relacional y su sistema de preferencias y de valores. No es algo que uno puede derivar; es algo que emerge de las entrañas de su ser.

Ser madre es una condición y un compromiso que afecta, ineludiblemente, a todo el ser. Habéis cambiado, pero el mundo donde han nacido vuestros hijos también se ha transformado a un ritmo vertiginoso como consecuencia de esta crisis global que nadie deseaba.

Es fácil que os invada el desconcierto, la desazón, incluso el arrepentimiento, pero el mundo os debe un gesto de gratitud y unas palabras de aliento, porque solo hay futuro si hay nacimientos. Cuando una madre da a luz a su hijo, desearía que este fuera acogido en el mejor de los mundos posibles, en un entorno paradisíaco, como en el jardín del Edén, en una esfera de armonía, paz, justicia y prosperidad. Y, sin embargo, el mundo donde ha nacido dista mucho de ser un lugar amable.

La crisis pandémica ha teñido el mundo de gris. Lo hemos avistado durante el tiempo de confinamiento. Silencio en las calles desérticas, ciudadanos con mascarillas haciendo cola en los supermercados guardando la distancia social, ambulancias cruzando a toda velocidad los bulevares y las avenidas, policías vigilando si los ciudadanos cumplían con el real decreto, ancianos pereciendo en soledad en las residencias geriátricas y enfermeras física y mentalmente agotadas por el colapso.

Y, sin embargo, solo hay futuro para la humanidad si hay nacimientos, si mujeres audaces como vosotras asumen el inmenso desafío de engendrar, de acoger y de cuidar a un ser humano en el mundo. Tarea nada fácil, dicho sea de paso. Ha nacido un ser único y diferente, una persona frágil y dependiente que requiere de infinitos cuidados para sostenerse cada día. Él no tiene la menor idea de dónde está. No sabe qué es lo que sucede a su alrededor y tampoco debe saberlo todavía. Tiempo habrá. Está radicalmente desorientado; necesita cobijo, estima, abrazos, piel, cuidado incondicional. Depende sustancialmente de vosotras y de sus padres para subsistir, crecer y desarrollarse.

El nacimiento es una ruptura y, a la vez, una oportunidad para el futuro. Cuando nace un ser humano, irrumpe en el mundo la novedad radical. Emerge alguien y no algo, un ser único y diferente que no es la mera prolongación de los genes de sus padres. Es un ser distinto que alberga un universo de posibilidades, pero también un conglomerado de necesidades que requieren respuesta.

Debe ser cuidado, atendido y querido de un modo incondicional. El nuevo ser no es la mera continuidad del pasado. Con él se abre una nueva posibilidad para la humanidad. Deberá ser aclimatado al mundo, protegido de los bárbaros, de los elementos patógenos que crecen a su alrededor, y esa tarea es indispensable para que pueda hacer realidad sus sueños.

Sois audaces, y la audacia es una virtud poco común. **En contextos de incertidumbre y de congoja vital, la audacia es indispensable para actuar, arriesgar y empezar procesos.** Engendrar a un ser humano, dar vida a una persona en un mundo como el nuestro exige una gran dosis de audacia, de tolerancia a la frustración y de ecuanimidad.

Algunos dirán que sois temerarias, inconscientes, que es insensato parir en un escenario como el nuestro. La crisis lo ha barrido todo. Lo que era sólido se ha licuado y lo que era líquido se ha volatilizado. En un entorno hostil como el que ha dejado la crisis pandémica aumentará la filiación a la filosofía antinatalista. Ya estaba presente como consecuencia de la crisis ecológica global, el cambio climático y la destrucción del medioambiente, pero irá a más, pues muchos ciudadanos consideran insensato y temerario engendrar a un ser humano en un mundo sin futuro como el nuestro.

Quienes habéis engendrado seréis objeto de crítica y de sospecha y, sin embargo, solo hay futuro para la humanidad si hay nacimientos. **El nacimiento de un ser humano debe ser un estímulo para todos, una ocasión para cambiar formas de vida, un pretexto para edificar un mundo mejor.**

Nosotros nos iremos, pero **¿qué mundo dejamos a los que acaban de llegar?**

El nacimiento de un niño es un alegato a favor de la solidaridad intergeneracional, una ocasión para humanizar

el mundo y recrearlo teniendo en cuenta a los más vulnerables.

Os felicito. La tarea que se os avecina a partir de ahora es enorme, pero también colmada de sentido. Cada ser humano es una obra de arte en construcción. Debe ser acogido en el vientre de su madre y, posteriormente, cuidado en un ecosistema cálido donde pueda crecer en armonía. Cuando esto le es robado a un ser humano en su primera infancia, genera todo tipo de alteraciones emocionales y mentales, abre heridas que dejan un surco en el alma y que no son fáciles de curar. **El niño debe sentirse amado, reconocido, querido de forma incondicional.** Esta tarea es la más elemental, pero también la que más compromete.

Engendramos porque deseamos que otros puedan gozar del don de la vida, de la belleza que late en el mundo, de las infinitas posibilidades que se abren con cada nacimiento. El niño necesita sentirse apegado a sus seres queridos, pero este apego no debe en ningún caso ser un obstáculo para que alce el vuelo.

Llegará un día en que tendrá que emprender su vuelo, dejar el nido y luchar por sus sueños. Desapegarse de él no será fácil, pero es el único modo de que pueda hacer de su vida un proyecto singular.

En un mundo inestable, frágil e incierto como el nuestro, el niño que nace necesita más que nunca estabilidad y seguridad, la certidumbre de saber que es amado por alguien.

Esta donación incondicional de afecto es el mejor legado que podéis dar a estos nuevos y pequeños inquilinos de este mundo poscrisis.

Con afecto,

FRANCESC

2.
A las maestras

Queridas maestras:

Os escribo esta carta sin conocer cuándo empezará el día después. De momento, estamos todos metidos en nuestras casas practicando el confinamiento que exigen las autoridades sanitarias, pero estoy convencido de que vendrá el día después.

La crisis no solo ha puesto patas arriba la economía local, nacional y mundial, la vida laboral, social y política de los ciudadanos, sino que también ha socavado los cimientos más profundos de la vida escolar.

Durante este período de confinamiento habéis tenido que bregar con las tecnologías de la información y de la comunicación. Os habéis visto obligadas a romper rutinas, a abandonar el aula y los pasillos del colegio, las tutorías y los espacios comunes, como la querida sala de profesores. Solas, frente al teclado, habéis tenido que bucear por el magma telemático y enseñar desde ese nuevo hábitat.

Los que amamos la oralidad y la gestualidad, el libre movimiento por el aula y la interacción socrática con los alumnos nos hemos sentido amputados como maestros. Hemos experimentado una profunda limitación de nuestras habilidades cuando hemos buceado por este océano digital, pero debemos reconocer que, gracias a este ensamblaje de cables, teclados y enchufes, hemos sido capaces de vencer los obstáculos y mantener el vínculo educativo con nuestros alumnos. Y eso es lo fundamental.

No os escribo para hablaros de lo que hemos vivido, del encierro involuntario al que hemos sido sometidos, sino del mundo que se vislumbra después de esta crisis y de cómo esto afectará a la tarea educativa. **Para educar es fundamental anticipar escenarios**, pues nuestra finalidad consiste en ayudar al educando a comprender el mundo que vendrá, en el que tendrá que desarrollar su proyecto vital. Eso exige, por vuestra parte, una gran capacidad de anticipación, y solo podemos proyectarlo si somos imaginativos.

Esta crisis será longeva. Después del confinamiento vendrán otras restricciones a las libertades civiles, más vigilancia y control. Aumentará el malestar social, la indignación colectiva, la desesperación de muchas personas rotas por la pandemia y crecerá de modo exponencial la moral de derrota. En este panorama dantesco, la escuela deberá ser un pequeño pulmón de esperanza, un frágil ecosistema de reforestación del alma.

No es fácil la tarea que tenéis que desarrollar. El mundo poscoronavirus será un mundo oscuro y temeroso, pero **la tarea educativa requiere, como condición indispensable, fe en las nuevas generaciones, en su capacidad para transformar la historia.** Neutralizar el pesimismo ambiental, la ventisca de desolación que sopla día y noche no resulta nada cómodo, pero la actitud, en una maestra, es decisiva.

Lo esencial no es lo que decimos en el aula, sino el modo *como* **estamos en ella,** lo que mostramos a través de lo que explicamos, el talante anímico que ellos vislumbran, con lucidez, a través de mil intersticios. Se dan cuenta de si creemos o no en *su* futuro, de si creemos o no en ellos, de si tenemos esperanza o estamos hundidos en la desesperación. No podemos disimular todos los días y a todas horas en el aula. Son listos. Se dan cuenta.

Tendréis que inocular entusiasmo en el aula, vitalidad en las clases, confianza en la condición humana, identificar las posibilidades inherentes a cada educando para que este sea capaz de cultivarlas y de aportar su genio a la sociedad. Cada uno de vuestros alumnos alberga un tesoro en su ser, aunque a veces no tenemos la habilidad ni la paciencia para entresacarlo. Tampoco ellos son capaces, muchas veces, de reconocerlo y cuidarlo y, en consecuencia, sucumben a la crisis de autoestima o al peor de los escepticismos, que consiste en dejar de creer en sí mismos.

Todo esto que tendréis que hacer no se puede realizar en solitario. Se requiere de la ayuda mutua. **En el futuro que viene será más necesario que nunca crear red, unir sensibilidades, pues la carga será muy pesada para un solo dorso.** Este espíritu de cooperación es una aptitud básica para transmitir a vuestros alumnos.

La crisis lo ha puesto de manifiesto de un modo diáfano: el individualismo es una estupidez. No salva vidas, no resuelve problemas, no transforma la sociedad. El *sálvese quien pueda* es una salida desesperada, pero no un modelo que seguir.

Transmitir la necesidad y el valor de cooperar y activar el espíritu de comunidad será fundamental para ellos en este futuro que se avecina. También lo será para vosotras, para llevar a cabo vuestro desempeño como maestras. Cuando la tentación de mandarlo todo al traste haga acto de presencia en la conciencia, necesitaréis más que nunca el sostenimiento emocional del claustro. **Educar siempre exige discernir.** No se puede enseñar todo ni de golpe. Es fundamental priorizar, distinguir qué valores, qué habilidades y qué saberes serán indispensables para enfrentarse a este futuro, qué intangibles deberán sedimentar en el alma del educando para que pueda vencer los obstáculos del mundo.

Con frecuencia se ha criticado la escuela por quedarse anclada en el pasado, por vivir ajena a las metamorfosis del mundo tecnológico, social y científico. Esta crítica, aunque en ella pueda haber algo de injusto, es un acicate para desapegarse de la nostalgia, de la mera repetición de modelos pretéritos, para discernir qué es lo que realmente deben saber y dominar los alumnos para enfrentarse al mundo que viene.

Será indispensable desarrollar en ellos el sentido de resiliencia. Deberéis aprender de los colectivos más vulnerables, que han sabido extraer del fondo de su ser recursos y habilidades para sobrevivir en contextos hostiles. **Los más**

vulnerables nos enseñan. Su ejemplo nos admira y nos estimula a no quejarnos, a no sucumbir al sonsonete de las lamentaciones. Tenemos que aprender de los colectivos más humillados por la vida, que han sido capaces de sobreponerse y desarrollar sus proyectos de vida. Constituyen un ejemplo de la fortaleza.

Esta crisis pandémica es, con toda probabilidad, la más grande de las crisis que habéis sufrido a lo largo de vuestras vidas. Sin embargo, otros colectivos han sufrido y vencido crisis mucho más profundas y dilatadas en el tiempo. Tenemos que escucharlos y aprender de ellos. **La resiliencia será indispensable para enfrentarse a este nuevo mundo** que se vislumbra. Para activar esta aptitud resulta imprescindible superar la caída en el paternalismo. No podemos mantener indefinidamente a nuestros alumnos dentro de burbujas artificiales, en un microclima privilegiado. **La facilidad no educa. Lo que realmente educa, aunque sea políticamente incorrecto, es la contrariedad, pues esta estimula la inteligencia práctica y la imaginación.**

El mundo que les espera es frío y hostil, pero, si han adquirido el valor de la resiliencia, serán capaces de extraer el potencial latente que hay en sus seres para combatir el desánimo. Tendrán el coraje para no amedrentarse cuando el dragón de la desesperación asome el hocico. Y seguro que lo hará.

Os animo a desarrollar esta tarea tan noble como necesaria que es el arte de educar. Lo confieso: educar es mi pasión, mi verdadera vocación. No soy neutral ni lo pretendo ser. Me siento empáticamente unido a todas y todos los que a diario salís al aula y empezáis a enseñar.

La sociedad poscoronavirus necesita, como agua en el desierto, este ejército de seres invisibles que se deja la piel en el aula para que los más jóvenes no dejen de soñar despiertos.

Si esta confianza se frustra, si esta esperanza se avinagra, solo queda lugar para el nihilismo y la desesperación. Y eso es la muerte.

Sois esenciales.

Gracias.

Con estima y respeto,

FRANCESC

3.

A los profesionales de la salud

Queridos profesionales:

Solo salen palabras de gratitud de mis labios. Toda la sociedad experimenta el mismo sentimiento. La crisis pandémica os ha hecho, al fin, visibles. Por lo general, estáis escondidos tras las bambalinas, circuláis por pasillos que nadie desea pisar, operáis en salas donde nadie quiere yacer, pero la crisis os ha puesto en el epicentro de la vida mediática y las cámaras han mostrado vuestra entrega hasta más allá del límite.

Por un tiempo, los focos han dejado de prestar atención a futbolistas, artistas, políticos, *influencers*, *youtubers* y famosos de cartón piedra que exponen sus trapos sucios a la luz pública para poner el zum en vosotros. Os hemos visto actuar, correr, entrar y salir de los hospitales; os hemos visto luchar, sufrir y llorar. No habéis buscado este protagonismo, pero la crisis os ha puesto en la primera línea de infantería.

Este sentimiento de gratitud que colectivamente experimentamos no ha quedado encerrado en el corazón. Lo habéis visto manifestarse en los balcones, en las ventanas, en las terrazas todos los días, a las ocho de tarde, en este ritual laico que se ha celebrado en todas las ciudades y pueblos de nuestro país y más allá de sus fronteras.

Necesitamos agradeceros todo lo que habéis hecho para salvar vidas, para curar enfermos, para consolar a familiares, para buscar todo tipo de estrategias para luchar contra el virus. Os habéis arriesgado y muchos habéis caído enfermos, otros, lamentablemente, han perecido. No podemos borrar su recuerdo de nuestra memoria colectiva, sobre todo en un tiempo tan dado a la amnesia como el nuestro. **La verdadera gratitud no nace jamás de la coacción. Fluye con libertad cuando uno tiene conciencia del don recibido, de lo que le ha sido dado.** Entonces siente, como un imperativo interior, la necesidad de reconocer este don, de aplaudir al donador.

Estamos en deuda con vosotros. Durante la crisis pandémica habéis padecido momentos de angustia, desazón e impotencia, también de indignación, pero, gracias a la fuerza interior que os anima y a la ayuda mutua que os habéis prestado entre los equipos de asistencia, habéis podido sobrellevarlo, y no solo eso, sino transformarlo en un río de emociones positivas para enfrentarse al mal. Esta metamorfosis solo es posible si se trabaja en equipo, si fluye la ayuda mutua.

Algunos habéis sido aislados de vuestras familias durante el confinamiento para no contagiar a vuestros seres queridos al regresar a casa y habéis trabajado mucho más de lo que el contrato establecía. Esta entrega sin límites responde a una necesidad colectiva, pero también a una vocación que está ahí, como una llamada a salir de vosotros mismos para cuidar, calmar, animar y curar. Es algo que se lleva dentro, que impera como una voz interior y que, cuando se ausculta, solo se puede obedecer.

Los pacientes curados salían de las unidades de cuidados intensivos con lágrimas en los ojos y aplaudían desde las camillas. Estos rituales de gratitud no son nada frecuentes en las frías y blancas galerías de los centros sanitarios.

¿Olvidaremos esta práctica de gratitud? ¿Seremos capaces de mantener estos gestos de agradecimiento en el futuro?

La gratitud es una potente energía espiritual, la causa eficiente del entusiasmo.

Habéis tenido que tomar decisiones muy difíciles en contextos muy complejos, decisiones que tocan lo más esencial de la vida y que se han tenido que tomar con celeridad, asumiendo el riesgo de equivocarse. No ha sido fácil, como tampoco tener que acompañar, en el proceso final de vida, a personas infectadas por el virus. Habéis sentido compasión, pena e indignación al ver a tantos pacientes separados de sus seres queridos en la recta final de sus vidas.

Habéis hecho todo lo posible para que pudieran despedirse dignamente de sus seres queridos, para pacificarlos espiritual y emocionalmente en ese trance final y para que tuvieran un desenlace en paz. No ha sido fácil, pero habéis ingeniado todo tipo de mecanismos de comunicación para crear esta vinculación telemática con sus seres amados.

Habéis experimentado culpa por no haber podido hacer más, por no haber podido salvar más vidas, por no haber atendido con la calidad que merece cualquier paciente. En economías de guerra, habéis tenido que alterar los procesos habituales, cambiar los protocolos estandarizados e improvisar nuevos procedimientos, crear recursos para salir del paso e ingeniar estrategias que nunca habríais imaginado.

¿Qué habría sido de nosotros sin este ejército de buzos, de batas blancas y verdes que, con tesón, ha dado lo mejor de sí para vencer al virus? Quienes han sufrido en sus propias carnes el terrible acicate de la pandemia y han visto cómo han sido liberados del bicho siempre os van a estar agradecidos, como también su círculo afectivo.

Nos hemos dado cuenta de algo que ya sabíamos, pero que extrañamente confesamos en público: sois esenciales, lo habéis sido y lo seguiréis siendo en el mundo que viene. Os necesitamos, y no solo ahora, también en el futuro. **Será fundamental que la ciudadanía sea consciente de su fragilidad constitutiva, de la necesidad de cuidarse y de cuidar a los seres más vulnerables.** Será imprescindible hacer pedagogía de la fragilidad, prevenir y adoptar hábitos de vida saludables y, sobre todo, no perder de vista a las personas que tienen necesidades más intensas que el resto de los mortales.

Habéis demostrado competencia científica y técnica, pero también sensibilidad humana. También los profesionales de la salud os cansáis, os agotáis y lloráis de rabia cuando no podéis hacer nada más para salvar vidas. Esta indignación frente al mal es vuestra esencia más secreta, vuestra fortaleza interior. Jamás debéis olvidarla, y tampoco excusaros por ella.

Detrás de las mascarillas, metidos en los trajes de buzo y protegidos por guantes asépticos se esconde un nudo de sentimientos, palpita un espíritu de benevolencia que se ha manifestado en gestos y miradas, porque es demasiado fuerte para poder encapsularlo dentro de un traje, por hermético que sea.

Gracias a todos.

FRANCESC

4.
A los políticos

Respetados políticos:

Cuando pregunto a mis alumnos cuál es el colectivo que más desconfianza les genera, hay unanimidad entre ellos, lo cual es muy extraño en un contexto universitario. No cabe duda: sois vosotros.

Los animo a elaborar una pirámide de confianza en la que sitúen en la cúspide a los colectivos más dignos de crédito y en la base a los que menos confianza les merecen. En la parte alta acostumbran a aparecer, por orden de relevancia, los bomberos, los médicos y los maestros, mientras que en las zonas inferiores están los jueces, los banqueros y, por aclamación pública, los políticos. Raramente hay variaciones en esta pirámide, y hace más de veinte años que la realizo.

Después de ello, empiezo una tarea nada fácil y que suscita polémica. Trato de desarrollar una apología del noble arte de la política e intento romper tópicos y prejuicios sobre este oficio con el fin de poner en tela de juicio su jerarquía. Mis posibilidades de éxito son muy limitadas porque me enfrento a una masa de jóvenes indignados que hacen relucir todos sus argumentos y que dominan a fondo la esgrima intelectual. Os califican de corruptos, de falsos, de cínicos, de egoístas, de tribales, de interesados, de utilitaristas en el sentido más negativo del término, de temerosos, de acomodados, de esclavos de lo políticamente correcto, de vendidos al poder económico y siempre preocupados por lo que dicen de vosotros en las redes sociales. Relucen todos los tópicos que ya conocéis y que muchas veces sufrís injustamente en vuestra cotidianidad.

El desprestigio del arte de la política es tan oceánico que me parece difícil que pueda ir más allá. A veces pienso que ha tocado fondo y que solo puede empezar el camino de regeneración, pero aparece un nuevo caso de corrupción, de prevaricación en las redes sociales y, de nuevo, el argumentario de mis queridos interlocutores se engrasa más.

No creo que la crisis pandémica que hemos sufrido haya cambiado la percepción colectiva. Es posible que algunos líderes políticos locales, nacionales o internacionales hayan ganado popularidad con el advenimiento de esta. Esto acostumbra a pasar con las catástrofes. Algunos sacan partido político y rédito electoral de ellas. La historia está repleta de ejemplos de coraje y de sacrificio personal que la comunidad ha sabido reconocer, aunque solo sea *a posteriori*. Sin embargo, la totalidad de mis alumnos siguen pensando lo mismo. De hecho, durante una de mis sesiones digitales tuve ocasión de plantear la misma pirámide de confianza y sus ejercicios hablan por sí solos.

Mi objetivo en esta carta no es mostraros algo que ya sabéis gracias a estudios estadísticos con muestras mucho más representativas que el limitado puñado de alumnos que estoicamente siguen mis clases. Mi finalidad es otra. **El mundo posvirus va a ser radicalmente distinto del que conocemos y necesitará otro modo de ejercer la política**, de desarrollar este noble oficio. Necesitará políticos que vayan a la una, que sean capaces de centrar sus esfuerzos y energías en lo esencial y de buscar acuerdos por el *bien común*, expresión que ha caído en desuso. Esto no significa renunciar a la propia visión ideológica y, menos aún, a las convicciones fundamentales que os sustentan, pero exige una labor de diálogo a causa de la urgencia planetaria. Esto solo es posible si uno trasciende la conciencia tribal, la visión miope, y se abre a la conciencia global. **Un mundo global necesita líderes con visión global** y no atrapados en sus mezquinos intereses para salvar el pellejo.

La crítica a los políticos es un lugar común, una tentación demasiado fácil para no sucumbir a ella, pero lo difícil resulta pensar qué líderes políticos necesitamos en este mundo poscoronavirus. Será indispensable articular nuevos conceptos, nuevas retóricas y nuevas formas de persuasión.

Cuando les pregunto a mis alumnos si los políticos son esenciales, todos lo niegan, pero una sociedad sin representantes políticos me genera vértigo, porque nos conduce al peor de los mundos posibles, al inframundo de Dante. Incluso ellos reconocen que os necesitamos, pero urge *otra* política. El mundo que nos aguarda requiere otro modo de resolver los problemas globales en los que estamos metidos hasta el cuello.

Nunca he tenido la vocación de hacer política. No lo digo como un mérito moral, sino como una constatación. Me repugna el puritanismo academicista de guantes blancos. Necesitamos ciudadanos críticos y responsables, lúcidos y honestos que den el paso, que se comprometan con la *res publica*. Es fácil el desprecio apriorístico y deslegitimar a quien asume la difícil tarea de gobernar. El compromiso, en la sociedad líquida, da miedo, genera temor y temblor, y por eso celebro que haya ciudadanos que tengan la audacia, la generosidad y la entrega de liderar y de asumir todas las consecuencias que esto conlleva.

Es verdad que en vuestro ejército se han colado una pléyade de cínicos posmodernos y de corruptos que han manchado la imagen del colectivo, pero el cinismo posmoderno, como ya advirtió Peter Sloterdijk, se ha licuado y circula con impunidad por todos los intersticios de la sociedad y no solo por la burbuja política.

Habéis tenido que tomar decisiones muy difíciles en la crisis más dramática que ha laminado nuestras vidas. No estabais preparados para ello, como no lo está nadie, pero a vosotros os ha tocado tener que decidir y explicar estas decisiones a la ciudadanía, mientras que nosotros, sentados en el sofá de nuestras casas, os escuchábamos atónitos. Decisiones difíciles —decía— porque en ellas estaban en juego vidas humanas, y con eso no se juega.

Algunos de vosotros habéis tenido la grandeza moral de reconocer errores y de solicitar el perdón por vuestros fallos.

Este ejercicio no os hace débiles, sino más humanos. Es posible que en el juego maniqueo de la lucha partidista este reconocimiento sea aprovechado para deslegitimaros, para ganar un puñado de votos de ciudadanos desesperados, pero el reconocimiento del error y el sincero arrepentimiento constituyen procesos que dignifican a las personas y, por extensión, a la vida política.

No se trata ahora de abordar este nuevo perfil del líder político. Esta tarea lleva su tiempo y no constituye el propósito de esta carta. Aun así, quiero subrayar dos actitudes fundamentales antes de concluir: la humildad y la honestidad.

Cuando el ciudadano perciba estas dos cualidades en sus líderes políticos, la visión que tiene de su quehacer va a cambiar profundamente.

Os necesitamos en el futuro, pero de otro modo que en el presente.

Con agradecimiento,

FRANCESC

5.
A los profesionales
del mundo social

Queridos profesionales:

En esta crisis pandémica que hemos sufrido habéis desempeñado un papel decisivo, pero todavía más relevante va a ser vuestra tarea en el mundo poscoronavirus, pues la catástrofe económica, social y política que va a tener lugar será de tal envergadura que os vamos a necesitar con apremiante urgencia para hallar soluciones creativas con el fin de ayudar y empoderar a los grupos más vulnerables.

¿A quién me estoy dirigiendo? A los líderes de organizaciones no gubernamentales, de asociaciones o de fundaciones sin ánimo de lucro, nacionales o internacionales, que aspiran a mejorar la calidad de vida de los grupos más vulnerables.

También tengo en mi mente a un ejército muy numeroso de educadoras y trabajadoras sociales, de profesionales que con su buen hacer mantienen a flote el tejido de la vida. Me refiero a agentes de protección civil, a bomberos, a fuerzas del orden, a agentes de seguridad y a servidores públicos que con su acción evitan la caída en el caos social.

Por fortuna, el tejido es enorme, variopinto y extraordinariamente rico. Representáis el pulso de la solidaridad organizada, articulada de un modo jurídico, que sabe responder ágilmente a las necesidades sociales.

Solo tengo palabras de gratitud para vosotros, pues durante la crisis habéis tenido que actuar con celeridad para hacer llegar productos de primera necesidad a familias en situación de riesgo social, para defender los derechos de los ciudadanos sin hogar, para responder a las necesidades de los inmigrantes sin papeles, de los jóvenes extutelados que malviven en nuestras grandes urbes y de tantos otros ciudadanos anónimos que sufren en silencio. Necesitamos vuestra visión, vuestra acción y vuestra respuesta solidaria.

Además de los grupos vulnerables sociológicamente identificados y descritos en todas las estadísticas, emergerá una nueva vulnerabilidad, una extensísima casta de desempleados que tendrán enormes dificultades para sostener a sus familias, para pagar alquileres, escolaridades, para llenar la nevera cada semana y para vestirse. Esta masa ingente de personas va a acrecentar la ya de por sí numerosa cifra de grupos vulnerables.

Nuestro sistema de producción y consumo, caracterizado por un neoliberalismo globalmente desbocado que se rige por la ley del máximo beneficio con el mínimo coste, genera miles de efectos colaterales que dejan un rastro de miseria en miles de colectivos humanos. Es una economía que mata, pues destruye familias y erosiona gravemente los ecosistemas.

Las administraciones públicas también van a sufrir para poder mantener el tan codiciado estado de bienestar social. A lo largo de la crisis global hemos podido constatar que el grado de sufrimiento que ha generado en los distintos países del orbe ha sido muy distinto. Disponer de un sistema de salud público, universal y gratuito, constituye un bien de un valor infinito que muy pocos países en el mundo tienen a su disposición.

A pesar de la saturación que han padecido los servicios de salud, no se ha discriminado a nadie por razones económicas. Esta discriminación, en cambio, ha sido y es el pan de cada día en gran parte de los países del mundo. Solo los que pagan tienen acceso a una unidad de cuidados intensivos, a una prueba epidemiológica, a una mascarilla, a un régimen de vida seguro. Nos parece aberrante porque vulnera el derecho fundamental a la equidad, reconocido en el espíritu y la letra de la Declaración de 1948, pero tenemos que tomar conciencia que mantener este régimen de servicios sociales, sanitarios y educativos de carácter inclusivo tiene un coste extraordinario que se verá profundamente amenazado en la etapa posvírica. Puede que alguna cartera de prestaciones sociales básicas desaparezca y que se genere una gran bolsa de ciudadanos sin acceso a ellas. Esto hará más necesario que nunca la presencia de organizaciones socialmente organizadas que acojan y velen por los más grupos vulnerables.

En el mundo poscoronavirus se van a multiplicar, por un lado, las necesidades, pero, por otro, van a menguar los recursos para poder desarrollar programas sociales. Algunas asociaciones tendrán que cerrar porque no van a recibir los fondos necesarios para desarrollar su actividad mientras que otras tendrán que reducir significativamente su cuerpo de profesionales y abrir, todavía más, la puerta al voluntariado. En este escenario de futuro será imprescindible crear redes de ayuda entre asociaciones, sinergias creativas para aprovechar mejor los recursos y reducir los gastos burocráticos. **Se tendrá que superar la cultura de los egos y los logos para crear plataformas que jamás habían sido imaginadas.** No será fácil captar recursos. Todas las organizaciones solidarias van a llamar a las puertas de las mismas empresas y tendrán la misma urgencia para recibir fondos. Sin embargo, las empresas que antes colaboraban en virtud de su responsabilidad social corporativa se verán obligadas a cerrar el grifo con tal de poder pagar las nóminas a final de mes.

El panorama oscuro que se divisa exige, por parte de vosotros, una serie de movimientos imprescindibles para ser operativos y realmente eficaces en la lucha contra la injusticia y la pobreza. Un mundo nuevo requiere nuevas ideas y estrategias. La mera repetición del pasado no es la vía de redención.

Vais a ser más necesarios que nunca, pero para ello necesitamos activistas con capacidad de liderazgo global y de sacrificio, hábiles para tomar distancia del presente, ampliar la visión y no centrarse en exclusiva en el propio feudo. El **espíritu de unión tiene que vencer a la deriva en la fragmentación,** tan propia del tercer sector, caracterizado por un reino de taifas que se multiplica *ad infinitum.*

Necesitamos crear un discurso nuevo y alternativo. No basta con la lamentación y la crítica a los poderes políticos y al gran capital.

Necesitamos líderes críticos y constructivos, aptos para abordar retos en mayúscula y con capacidad de ejercer un liderazgo sustentado en el cuidado y en la cooperación. Sois indispensables.

Urge, como sociedad, que alguien nos recuerde a los invisibles vulnerables, a los que sufren cotidianamente las consecuencias de esta crisis global.

Crear conciencia es difícil y recordar los deberes de solidaridad todavía es más arduo en una sociedad caracterizada por lo que Gilles Lipovetsky denominó el *crepúsculo del deber*.

Es necesario, más que nunca, tocar el corazón de la bestia, persuadir a la ciudadanía de su corresponsabilidad, dar visibilidad a los grupos vulnerables, empoderarlos, pues solo así se humaniza a la sociedad y se rompe el duro caparazón de la indiferencia acomodaticia.

Gracias por todo,

FRANCESC

6.
A las personas mayores

Queridos mayores:

Durante la crisis se ha hablado mucho de vosotros. Habéis sido las principales víctimas del virus. La pandemia ha azotado con virulencia a las residencias y a los centros geriátricos y muchos de vosotros habéis sufrido, en vuestras carnes, las consecuencias. Otros, lamentablemente, han perecido y ya no pueden contarlo. Nuestro recuerdo debe mantenerse siempre despierto, pues la memoria de las víctimas es lo único que nos otorga dignidad.

En una sociedad como la nuestra, que idolatra la velocidad, los cuerpos esbeltos y tersos, el éxito y los artefactos tecnológicos, las personas mayores extrañamente aparecéis en la agenda mediática. Sin embargo, durante la crisis se ha tomado conciencia de vuestra vulnerabilidad y del deber cívico que tenemos con respecto a vosotros.

Hemos visto a familiares angustiados en las puertas de las residencias exigiendo información. Hemos oído a hijos angustiados por no poder despedirse con dignidad de sus padres en el proceso final de la vida. Hemos escuchado a auxiliares y a enfermeras lamentarse de la situación de extrema gravedad. Hemos visto a las mismísimas fuerzas armadas desinfectar residencias geriátricas a lo ancho y a lo largo del país. Algo inédito en nuestra memoria colectiva. La percepción que la sociedad, en términos generales, tiene de la ancianidad es, por lo general, negativa. Se asocia a una serie de categorías muy perniciosas, como la dependencia, la demencia, la pasividad, el final de la vida, la carga social, la enfermedad, la decrepitud, el coste económico y la muerte, y como la muerte sigue siendo el gran tabú posmoderno preferimos no abordar nada que despierte su presencia.

El edadismo latente se ha hecho explícito en muchos momentos de la crisis. Muchos ciudadanos respiraron al pensar que la pandemia solo afectaba a los mayores. Luego se dieron cuenta de que eso no era así, pero al principio se llegó a creer, erróneamente, que solo os afectaba a vosotros. Luego empezó a circular la idea de que ya no se recibían en los hospitales a los ancianos graves procedentes de residencias geriátricas. También circuló la información de que no había camas para pacientes mayores de ochenta años en las unidades de cuidados intensivos.

Esta discriminación circuló por las redes y creó escándalo. Suscitó una reacción ciudadana unánime, pues todos empezamos a pensar en términos concretos: en nuestros padres, suegros, tíos y abuelos, y nos olvidamos de esa categoría abstracta que denominamos *ancianidad*.

No corresponde ahora analizar si esta forma de discriminación edadística tuvo o no lugar, si se puede o no verificar empíricamente, si se desecharon algunas vidas para priorizar otras más viables, con más capacidad para vencer al virus. Tiempo habrá para estudiarlo y para exigir responsabilidades en el caso de que así haya sido. Este debate bioético tiene un calado muy profundo y exige a los interlocutores precisar cuáles son los criterios que entran en acción cuando los recursos son limitados y una gran masa de pacientes los necesita con urgencia.

Esta cuestión, que forma parte del eterno debate de la justicia distributiva, no puede abordarse con frivolidad y menos aún sin considerar la circunstancia histórica en la que se hallaron los interlocutores, pues las decisiones, siempre discutibles, deben valorarse y auditarse teniendo en cuenta el contexto en el que han sido tomadas. Cualquier valoración extrahistórica constituye una trampa. La crisis nos metió a todos en el barro y con el lodo hasta las orejas se tuvieron que tomar decisiones difíciles que, algún día no muy lejano, se deberán explicar, con transparencia y honestidad, a la ciudadanía, e implorar la comprensión y, si cabe, el perdón.

En cualquier caso, la crisis os ha puesto en el primer plano. Este protagonismo no buscado es positivo, representa una oportunidad de primer orden para pensar colectivamente cuál es nuestra relación con vosotros, qué lugar ocupáis en nuestra pirámide de valores, qué respeto os tributamos.

Esta cuestión, en un contexto de crisis estructural como la que se avecina, es de apremiante necesidad, porque, cuando se tenga que discernir cómo distribuir la escasez de recursos sanitarios, se pondrá realmente de manifiesto cuáles son nuestras prioridades como sociedad y qué gratitud estamos dispuestos a mostrar hacia quienes nos engendraron, educaron y sostuvieron cuando éramos extraordinariamente vulnerables. Es una cuestión de justicia intergeneracional que ninguna sociedad decente puede eludir.

No podemos desaprovechar la ocasión que nos brinda la crisis para renovar el pacto intergeneracional, para escribir un nuevo relato sobre la ancianidad, para despertar una actitud nueva.

Es la gran ocasión para enlazar con la sensibilidad de respeto y estima que los pueblos orientales profesan a sus mayores. Ya va siendo hora de barrer tópicos y prejuicios que se han convertido en dogmas de fe y que os estigmatizan.

No podemos abordar de un modo unilateral la crisis que sufrimos y cuyas consecuencias se prolongarán durante mucho tiempo. **Necesitamos el consejo y los conocimientos de quienes nos habéis precedido en el tiempo.** Los adultos no hemos padecido el dolor de una guerra ni la miseria de una posguerra, tampoco las privaciones de libertad de una dictadura militar. Todo lo que sabemos de estas etapas de nuestra historia las hemos aprendido a través de los libros, pero vosotros sabéis de lo que habláis cuando habláis de hambre, miseria, privación de libertades y racionamientos.

Debemos ser más humildes y valorar esta experiencia vital para enfrentarnos a esta nueva crisis que azota a la humanidad. Esto requiere, por nuestra parte, humildad para preguntar, pero, por la vuestra, generosidad.

En esta etapa crucial de la humanidad, os necesitamos más que nunca. Sois nuestra memoria colectiva, la fuente viva de nuestras tradiciones, rituales y oraciones. Tenéis una experiencia de la vida que nosotros ignoramos. Necesitamos aprender de vuestra pericia y también de vuestros errores. En este mundo posvirus no podemos desperdiciar ningún atisbo de sabiduría. Por eso debemos reescribir el relato de la ancianidad y retomar ideas que clásicos como Aristóteles, Marco Tulio Cicerón y los libros sapienciales nos legaron hace mucho tiempo.

Gracias por todo.

Gracias por ser como sois.

FRANCESC

7.
A los jóvenes

Queridos jóvenes:

La crisis ha alterado vuestros planes de presente y de futuro. Habéis tenido que encerraros en casa, cancelar vuelos, eventos que os hacían mucha ilusión, fiestas que os encantan, pruebas y exámenes, y habéis tenido que continuar el curso académico digitalmente.

Esto no ha sido difícil para vosotros, bregados como estáis en habilidades y competencias digitales. Vuestros padres y profesores lo han padecido con mucha más intensidad y probablemente han requerido de vuestra maña para situarse en este nuevo contexto. Aun así, la crisis también os ha afectado, y muy negativamente.

Los que estudiáis sufrís la gran incertidumbre de lo que va a ser vuestro futuro. Teméis lo que va a venir e imagináis un mundo laboral imposible, opaco, completamente cerrado a vuestra presencia. Los que sois trabajadores precarios sois los primeros en ser despedidos, y eso duele en el alma, sobre todo cuando uno había puesto muchas esperanzas en el primer empleo y tenía ilusión por emanciparse.

Toda crisis es una apisonadora de ilusiones y exige ducti-

lidad y fortaleza. La historia demuestra que las crisis siempre se ceban con los más frágiles y vosotros, a pesar de vuestra fortaleza física y mental, formáis parte de este colectivo. La emancipación se presenta como una misión imposible, sobre todo en nuestro país. Ya lo era antes del crac del coronavirus, pero después de él se complica todavía más. Aun así, los proyectos permanecen en el tintero a la espera de encontrar la ocasión para hacerlos realidad. No perdáis esta esperanza. Durante la crisis pandémica habéis sufrido pérdidas muy graves. Algunos habéis padecido, por primera vez, la muerte de un ser amado, de vuestra abuela, de un tío muy querido. Y, además, no habéis tenido ni siquiera la ocasión de despediros de él, de mostrarle vuestro cariño y afecto.

El imperativo legal de la distancia social ha sido exigente para todos, pero vosotros lo habéis padecido más porque apreciáis más que nosotros el contacto físico y la vinculación corporal. Vuestra vida fluye en las calles, en las plazas, en los bares, en las aulas y en los espacios naturales. Habéis buscado alternativas a través de artilugios tecnológicos, pero ningún encuentro virtual suple la intensidad emocional del encuentro presencial. Al final, todos necesitamos el contacto, la piel contra la piel, el abrazo que se funde.

La crisis os ha separado, durante el tiempo de confinamiento, del contacto físico con vuestras parejas, y eso se lleva mal cuando uno siente la imperiosa necesidad de expresar los afectos, el amor que le hierve dentro del pecho.

Hemos entrado dentro del túnel y no sabemos cuánto tiempo vamos a permanecer en él. Muchos de vosotros experimentáis impotencia y miedo, pero también un profundo malestar contra la generación adulta, contra los que toman decisiones. Sentís que sois herederos de un mundo que cae a trozos, que va a la deriva por culpa de la desidia y la codicia de los líderes y de las élites que lo gobiernan. Esta indignación no es nueva. Forma parte de la esencia de la juventud. Ser joven es, por definición, estar indignado, anhelar un mundo diferente del que os ha sido dado, desear una sociedad más justa, libre y sostenible. La indignación ya estaba latente desde hace tiempo en vuestro ser y se ha manifestado a través de múltiples movimientos. El último y el que más repercusión ha tenido en el plano mediático es la cruzada ecológica de dimensiones globales liderada por la frágil, pero firme, Greta Thunberg.

Nos habéis señalado con el dedo y nos culpáis por ese legado envenenado que os hemos entregado. El mundo, más cerca del colapso ecológico que nunca, se ha convertido en un gran basurero que da vueltas al Sol. Y no queréis esta herencia, no deseáis este mundo, porque en él no hay, simplemente, posibilidades de vivir con dignidad. La crisis pandémica todavía ha empeorado más esta situación y el riesgo del perverso final está más cerca.

Es fácil dejarse llevar por la prosa apocalíptica. Los intelectuales de referencia internacional nos tienen acostumbrados a ella. Tampoco les falta razón. Sin embargo, lo que urge, en esta coyuntura histórica, es todo lo contrario: es confianza en vosotros mismos, en vuestra fuerza y creatividad.

Esta reserva de energía espiritual es la que necesita el mundo para superar los múltiples desafíos sociales, económicos, políticos, laborales, ecológicos, educativos y culturales que tiene encima de la mesa. Para ello, necesitamos vuestra creatividad e ingenio, vuestra indignación canalizada de un modo constructivo, capaz de transformar esta toxicidad en fuerza edificadora.

Se sucumbe con facilidad al tópico cuando se os describe. En los manuales sociológicos al uso se os caracteriza como hedonistas, apolíticos, acomodados, resignados, consumistas, tecnoadictos, blandos, quejicas e incapaces de tomar el toro por los cuernos. Se os califica, también, de dependientes y de comodones. Esta retahíla de epítetos no se corresponde con la realidad, pues esta jamás puede encapsularse en un concepto. Sois más que todo eso y tenéis la fuerza y la potencia espiritual para demostrarlo.

Hay un virus más tóxico que el coronavirus. Se llama resignación. Es de fácil contagio. Basta con dejarse llevar por la prosa apocalíptica y repetir tópicos. Se inocula a gran velocidad y cala hasta las entrañas. Quienes lo sufren se convierten en seres amargados, criticones empedernidos, asqueados del mundo, en ciudadanos nostálgicos de una arcadia que nunca existió.

No os dejéis embaucar.

Os necesitamos.

El futuro es vuestro.

Sin vosotros no hay posible devenir. Necesitamos vuestro criticismo activo, también vuestro espíritu de donación y, sobre todo, vuestra lucidez para reventar por los aires los sistemas de alienación que enriquecen a un puñado de ricos cuyos nombres ignoramos y que oprimen a miles de jóvenes.

Un abrazo,

FRANCESC

Epílogo.
Ser o no ser esencial

La dicotomía entre lo esencial y lo no esencial se ha puesto diáfanamente de relieve durante la crisis pandémica. Es lo propio de cualquier crisis. Cuando el barco se hunde, uno se ve impelido a fijar la atención en lo que realmente cuenta. En la vida cotidiana se confunde, con frecuencia, lo esencial con lo accidental. Damos importancia a lo que no lo tiene y nos olvidamos de lo que en realidad es imprescindible para vivir. Esta depuración de la mirada es un don que aporta cualquier situación crítica. Nadie desea sufrir una situación como la que vivimos, pero toda crisis, bien digerida, aporta una lección de vida.

Lo esencial es lo que nos sustenta, lo que necesitamos imperiosamente para seguir siendo quienes somos. Siempre se reduce a un puñado de elementos. Cuando uno está sumergido en la sociedad de la opulencia, tiende a convertir en esencial lo efímero. Esta miopía intelectual nos hace más vulnerables. Es propio de las sociedades hiperconsumistas crear necesidades artificiales que el ciudadano, gracias a potentes mecanismos de persuasión publicitaria, acaba considerando esenciales.

El mundo que conocemos se ha convertido en una jaula de necesidades por completo ajenas al desarrollo de nuestras vidas. La crisis se ha impuesto contra nuestra voluntad y nos ha despertado de este sueño dogmático. Nos ha abofeteado con fuerza y hemos recobrado la lucidez. La cuestión, ahora, es no perderla en el futuro, mantener la memoria despierta.

Rosa, una dependienta de un centro comercial cerca de mi casa, me decía, durante el confinamiento, que la habían considerado una trabajadora esencial y que esto la hacía sentir muy bien. Experimentaba un subidón de autoestima al ver que el real decreto la reconocía esencial. Otros, en cambio, hemos experimentamos, con humildad, que no somos esenciales. Esta noticia ha sido una gran cura de humildad para un sinfín de oficios, entre los que me hallo: filósofos, filólogos, historiadores, humanistas y criaturas de otros pelajes. No lo somos, a pesar de la belleza de estas disciplinas.

Necesitamos alimentarnos para seguir siendo, porque no podemos vivir del aire. No somos, como dice Ludwig Feuerbach, lo que comemos, pues hay algo en nosotros que trasciende a la materia, pero necesitamos ingerir para subsistir. Necesitamos que los productores generen bienes comestibles y que estos lleguen, gracias a los transportistas (otro colectivo esencial), a los supermercados y que alguien los reponga cuando se gastan y los venda a sus clientes. Así de elemental y de indigente es nuestro ser.

Algunos oficios que por lo general son ninguneados en la sociedad de la opulencia adquieren todo su valor cuando todo se desmorona. **La crisis ha puesto de relieve tareas que extrañamente reconocemos como sociedad, oficios mal pagados que nadie pone a relucir en una cena social.** Este ejército de ciudadanos invisibles asiste a nuestros mayores, barre las calles por la noche y recoge la basura que nosotros producimos, transporta los alimentos de primera necesidad y pone gasolina a los camiones para que puedan transportar las mercancías que nos han mantenido a flote.

Hemos contemplado, con asombro y perplejidad, cómo los líderes políticos, en sesión parlamentaria, aplaudían a Valentina, una de esas figuras invisibles, por desempeñar su labor de limpieza. Alguien que jamás habría captado el interés de sus miradas se convertía, por unos instantes, en el foco de atención mediático.

Hemos redescubierto otros oficios esenciales, como el de los agentes de seguridad pública, el de los guardias civiles, el de los policías y el de las fuerzas armadas. Hemos visto cómo han sido claves para garantizar la distancia social, estrategia imprescindible para vencer al virus, la distribución de bienes esenciales, el desarrollo de tareas de desinfección y de ayuda social a los colectivos más vulnerables, así como la construcción, en tiempo récord, de hospitales de campaña.

La crisis ha actuado como un martillo. Hemos destruido tópicos y estereotipos sobre este tipo de oficios y profesiones. Ha actuado como ácido cáustico.

Lo esencial se reduce a muy poco. Este aprendizaje no debemos olvidarlo jamás. El hiperconsumismo es una forma de alienación tan destructiva como cualquier otra, porque nos convierte en seres extraños a nosotros mismos, adictos a objetos que no necesitamos para vivir con dignidad. Esta crisis puede ser positiva desde este punto de vista. Nos ha hecho más sabios y mejores personas, porque es propio del sabio distinguir, en cada ocasión, lo esencial de lo que no lo es. Podemos vivir sin esta pléyade de objetos que nos meten en casa, pero no sin ingerir alimentos, sin hidratarnos con frecuencia, sin la estima y el reconocimiento de los que amamos, sin el cuidado que nos dispensan los profesionales de la salud, sin los fármacos que los científicos han creado y que los farmacéuticos nos ponen a disposición.

No necesitamos grandes mansiones ni grandes vehículos. Todo eso obedece a esta cultura del exhibicionismo que nos han metido entre ceja y ceja desde que hemos nacido. La cultura del tener, como decía Erich Fromm (1900-1980), nos destruye. Lo verdaderamente relevante es ser y seguir siendo.

La crisis nos ha hecho virar hacia una cultura del ser, y para ser no tenemos que lucir lo que no poseemos ni despertar la envidia de los vecinos con objetos que no podemos pagar y que, además, son irrelevantes en nuestras vidas.

Para ser y seguir siendo, basta con muy poco.

La crisis sanitaria ha dado pie a una crisis económica y social sin precedentes en el siglo XXI. Nos exigirá otro tipo de vida, de consumo y de producción, también de interacción de unos con otros. Todo eso será indispensable para garantizar un mundo más sostenible, seguro y equitativo.

Solo las generaciones venideras podrán verificar si aprendimos la lección.

Bibliografía

ALARCÓN ÁLVAREZ, Marcelo (comp.), *Covid19*, Madrid: MA-Editores, 2020.

BAUMAN, Zygmunt, *Miedo líquido*, Barcelona: Paidós, 2007.

BRUGÈRE, Fabienne, *L'éthique du «care»*, París: PUF, 2011.

CAMUS, Albert, *La peste*, Madrid: Alianza, 1981.

— *El hombre rebelde*, Madrid: Alianza, 2013.

DUCH, Lluís, *Vida cotidiana y velocidad*, Barcelona: Herder, 2019.

ELLUL, Jacques, *La edad de la técnica*, Madrid: Octaedro, 2003.

FREUD, Sigmund, *El malestar en la cultura*, Madrid: Alianza, 1985.

FUKUYAMA, Francis, *Trust: la confianza*, Barcelona: Ediciones B, 1998.

GARRAU, Marie, *Politique de la vulnérabilité*, París: CNRS Éditions, 2018.

GIORDANO, Paolo, *En tiempos de contagio*, Madrid: Salamandra, 2020.

GRÜN, Anselm, *Cuarentena*, Barcelona: Herder, 2020.

HARARI, Yuval Noah, «The world after coronavirus», *Financial Times*, 20 de marzo de 2020.

HELD, Virginia, *The Ethics of Care: Personal, political, global*, Oxford: Oxford University Press, 2006.

JONAS, Hans, *El principio de responsabilidad*, Barcelona: Herder, 1995.

— *Más cerca del perverso final y otros ensayos*, Barcelona: La Catarata, 2001.

KÜNG, Hans, *Proyecto de una ética mundial*, Madrid: Trotta, 2006.

LASSALLE, José María, *Ciberleviatán*, Barcelona: Arpa, 2019.

LIPOVETSKY, Gilles, *El crepúsculo del deber*, Barcelona: Anagrama, 2006.

LUHMANN, Niklas, *Confianza*, Barcelona: Anthropos, 2005.

MARITAIN, Jacques, *El humanismo integral*, Madrid: Palabra, 1999.

METZ, Johann Baptist, *Por una mística de los ojos abiertos*, Barcelona: Herder, 2013.

MORIN, Edgar, *Introducción al pensamiento complejo*, Barcelona: Gedisa, 2009.

MOUNIER, Emmanuel, *El compromiso de la acción*, Madrid: Península, 1967.

PELLUCHON, Corine, *Éléments pour une éthique de la vulnérabilité*, París: Editions du Cerf, 2011.

SARAMAGO, José, *Elogio de la ceguera*, Madrid: Alfaguara, 2001.

SARTRE, Jean-Paul, *El existencialismo es un humanismo*, Barcelona: Edhasa, 2007.

SLOTERDIJK, Peter, *Crítica de la razón cínica*, Madrid: Siruela, 1989.

— *La herencia del Dios perdido*, Madrid: Siruela, 2020.

TORRALBA, Francesc, *Mundo volátil*, Barcelona: Kairós, 2018.

Su opinión es importante.
En futuras ediciones, estaremos encantados
de recoger sus comentarios sobre este libro.

Por favor, háganoslos llegar a través de nuestra web:

www.plataformaeditorial.com

Para adquirir nuestros títulos,
consulte con su librero habitual.

«Recuperar la mayor fuerza
no para dominar, sino para dar.»*
ALBERT CAMUS

«*I cannot live without books.*»
«No puedo vivir sin libros.»
THOMAS JEFFERSON

Plataforma Editorial planta un árbol
por cada título publicado.

* Frase extraída de *Breviario de la dignidad humana* (Plataforma Editorial, 2013).